Ouvrage dirigé par Florence Pierron-Boursot
Conception et réalisation graphiques : Stéphanie Aguado

34-36, rue La Pérouse 75116 Paris
www.hugoetcie.fr

ISBN : 9782755648669
Dépôt légal : avril 2020

YANISPORT

RÉVEILLE TA MOTIVATION !

#BTC

Hugo Image

De Yanis
À YANISPORT

« Bonjour à tous !
Vous me connaissez sous le nom
de YaniSport, le coach sportif des stars.
Mais mon but véritable, ma passion, c'est
de permettre à TOUS, célèbres ou inconnus,
jeunes ou vieux, maigres ou en surpoids,
de se reprendre en main physiquement,
de se dépasser, de rester en bonne santé
et de se sentir bien dans leur corps.

Je suis né en Algérie. J'y ai passé mes dix premières années, puis mes parents ont décidé d'émigrer en France. Notre famille –je suis le second de trois garçons– s'est installée à Nancy. À mon arrivée, j'étais déjà un enfant volontaire, hyper-dynamique et super-actif. Un compétiteur ! Autant de traits de caractère qui vont m'aider à m'adapter au système éducatif français.

Mes premiers jours à l'école furent difficiles. Je ne maîtrisais pas parfaitement la langue française et j'avais un accent qui faisait rire certains de mes camarades. Grâce à un travail spécifique, avec l'aide d'une éducatrice, j'ai pu progresser dans de nombreux domaines. Au lycée, dans les différents clubs de foot que j'ai fréquentés au poste d'arrière droit, je voulais absolument devenir professionnel. Certains étaient meilleurs que moi, je l'avoue, je n'ai pas fait les ligaments croisés.

Vous me trouvez comment
avec ma coupe MacGyver ?

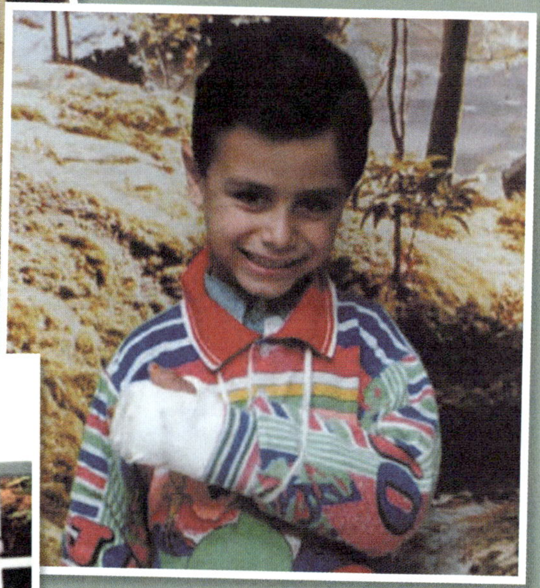

Casse-cou ? Vraiment ?

À cette époque,
j'aimais déjà l'uniforme !

J'avais beaucoup d'énergie à revendre. Je passais tous mes étés à travailler comme animateur de colonie de vacances. Ces expériences m'ont beaucoup appris, notamment à adapter ma pédagogie à différents profils. Pendant les petites vacances, je passais mes journées à jouer au foot, découvrir de nouvelles disciplines ou travailler en tant que serveur, plongeur ou même vendeur en magasin. J'enchaînais les activités, j'étais incapable de rester en place.

Très vite, j'ai su ce que je voulais faire dans la vie : je rêvais de réussir dans le sport, de devenir entraîneur physique militaire et sportif (EPMS), préparateur physique opérationnel. Ce sont eux qui entraînent les soldats avant leur départ en opérations extérieures, comme intérieures. Dès la classe de 3e, j'éprouve une fascination pour l'uniforme et un véritable besoin de me dépasser physiquement et mentalement. Je veux absolument entraîner les autres, mais avant de m'engager, et sur les conseils de mes parents, je dois posséder un certain bagage. Une fois mon bac en poche, j'ai tout fait pour réaliser mon rêve en commençant en bas de l'échelle et en gravissant tous les échelons, de simple soldat à sous-officier. Comme je tiens à être crédible, à gagner le respect des troupes que je vais avoir à entraîner, je décide de m'engager dans l'Armée de Terre et de passer par la voie des fantassins, les soldats d'infanterie.

Un an plus tard, je pars en mission à Kaboul, en Afghanistan. J'étais content, mes parents beaucoup moins. J'y passe six mois pendant lesquels je découvre un nouveau métier, un état d'esprit, le mien. J'ai beaucoup appris pendant cette mission : la cohésion de groupe, le vivre ensemble, les différences culturelles avec la population... De retour en France, pour pouvoir intégrer l'équipe des moniteurs où les places sont chères et les tests d'entrée très difficiles, je sais qu'il faut me démarquer par mes performances physiques et intellectuelles. Je voyais les instructeurs comme des machines. Ils étaient des exemples pour moi. Je me porte volontaire pour toutes les missions qui se présentent et je m'entraine en permanence. Je travaille plus que les autres, conscient qu'il faut tout donner. Ce travail a payé, j'ai intégré quelques semaines plus tard le groupe des moniteurs. À la suite de mes diplômes militaires, je passe mes diplômes sportifs de spécialité. J'ai soif de réussite, de savoir. Je me suis donc formé pour être le plus polyvalent possible, de sauveteur aquatique à animateur fitness cardio-vasculaire et renforcement musculaire, de moniteur des techniques d'intervention rapprochée à moniteur d'entraînement physique militaire et sportif. Il faut tout rafler pour être opérationnel, complet, irréprochable. Il faut sortir du lot.

Quelques années plus tard, je décide de créer mon concept sur les réseaux sociaux pour partager des conseils sportifs et nutritionnels. J'arrive à rassembler une petite communauté Instagram. C'est à cette époque que grâce aux conseils de ma femme, styliste, je mets en place ma stratégie de communication.

Je continue à travailler, malgré les inévitables écueils rencontrés : je me fais refouler par de nombreuses marques, mes publications n'étant pas assez repostées, elles n'ont pas assez de visibilité. Je doute, je pense à arrêter, avant de comprendre que le doute fait lui-aussi partie du jeu. Je continue à me former, à élargir mon réseau, tout en coachant pour le plaisir, à donner des conseils dans les salles de sport et à mettre en place des séances que je partage.

C'est à cette époque que je commence à entraîner mes premières célébrités, Rachel Trapani, puis Iris Mittenaere, en passant par Issa Doumbia et d'autres... Je deviens le coach de plusieurs mannequins, acteurs, chanteurs, producteurs et humoristes. Je me fais connaître d'un plus large public, ma communauté s'agrandit et devient de plus en plus puissante. Parallèlement, j'affine ma pédagogie. D'instructeur militaire à coach de stars, il y a un monde... Il faut canaliser mon discours et ouvrir mon esprit : un sérieux travail. Quelques mois plus tard, je m'installe dans la salle de sport de l'hôtel Marriott des Champs-Élysées que j'aime énormément. Je m'y sens bien, au point de m'y marier, peu de temps après la signature de mon contrat.

Parallèlement, je fidélise ma communauté en organisant de nombreux défis et évènements partout en France. Le bouche-à-oreille fonctionne, ma communauté s'agrandit, elle compte aujourd'hui des milliers d'abonnés qui me suivent, ce dont je suis très fier. Pour eux tous, je continue à développer les concepts que vous allez découvrir tout au long de ces pages.

Lorsque Florence, mon éditrice, m'a proposé de faire un livre, je n'ai pas hésité une seconde. Encore un nouveau challenge à relever, qui j'espère vous plaira. Je l'ai fait pour vous aider à avoir un déclic, pour vous sensibiliser contre la sédentarité, pour vous offrir des outils qui vous permettront, quelque soit votre niveau, d'optimiser vos résultats, de vous perfectionner et pour partager avec vous mes expériences. Je veux encourager les jeunes comme les moins jeunes à aller de l'avant, sans jamais baisser les bras.

Je suis bien conscient que dans un livre, on ne peut pas être exhaustif, mais sachez que je l'ai écrit avec le cœur et avec la plus grande authenticité.

»

Comment reconnaître UN BON COACH

1. Un bon coach doit parfaitement connaître son élève

Votre coach doit connaître votre corps et votre état d'esprit sur le bout des doigts. Mais, plus encore, il doit connaître vos réactions émotionnelles face à un effort intense, vos limites physiques et psychologiques. Pour cela, il doit absolument échanger avec vous, vous tester lors d'un bilan initial au cours duquel il ciblera ses questions sur votre mode de vie, votre hygiène de vie, votre niveau sportif, votre état de santé actuel ainsi que sur vos antécédents. Quant à moi, je demande toujours à mes élèves un bilan médical complet.

2. Un bon coach doit être polyvalent

Comme je dis souvent, mieux vaut être bon partout qu'excellent dans un seul domaine. Un entraîneur sportif doit être curieux, avide d'apprendre et de pratiquer tous les sports. Il doit être capable de sortir de sa zone de confort. Un coach peut avoir un domaine de prédilection, mais sans jamais pour autant négliger les autres. Il doit être à l'aise aussi bien en coaching personnalisé qu'en collectif. Il doit être capable de motiver ses troupes, de les entraîner vers la réussite, quel que soit le cadre dans lequel vous pratiquez.

3. Un bon coach doit rester réaliste, mais toujours positif

Inutile de vendre du rêve ! Si l'objectif que vous vous êtes fixé n'est pas réalisable, il faut vous le dire, honnêtement. Toutefois, lors de ces moments de recadrage, l'important sera la manière qu'aura votre coach de formuler ses phrases. Mieux vaut faire suivre un « Ton objectif n'est pas réalisable en si peu de temps », par un « Sauf si... et comme ça, on va réussir. Dans tous les cas, ton objectif sera atteint. Si ce n'est pas aujourd'hui, et bien, ce sera demain. » Il est également important de souligner le fait que l'on réussira à deux. Le coaching est avant tout un travail d'équipe.

Il doit être capable de motiver ses troupes, de les entraîner vers la réussite.

4. Un bon coach doit être exemplaire, donc crédible

On ne reconnaît pas un bon coach à ses muscles, sa carrure, ses performances ou son profil Instagram, mais à sa capacité d'écoute et son charisme. Il n'existe pas de profil type d'élève. À chacun sa vision et sa personnalité. Néanmoins, votre coach doit pouvoir instaurer une relation de confiance de manière naturelle dès votre prise en main, puis une complicité entre vous et lui. Il doit impérativement tester vos séances avant de vous les proposer, afin de savoir ce que vous êtes en train de vivre pour comprendre vos ressentis.

5. Un bon coach mesure son discours

Certains d'entre vous ont besoin d'assistance, peut-être plus que d'autres. Certains ont besoin d'un accompagnement un peu plus poussé, d'être motivés au quotidien ainsi que pendant les séances. D'autres n'ont pas besoin qu'on leur parle, ils préfèrent se concentrer sur leur ressenti. Le coach doit analyser le profil de chacun de ses élèves et s'y adapter. Il n'aura pas le même discours d'un sujet à un autre. L'important, c'est de motiver, d'encourager sans jamais être rébarbatif, sans être étouffant. Il faut savoir se taire au bon moment et savoir prononcer les mots-clés en rapport avec l'action du moment.

Ma vision du COACHING

Mon but, c'est d'être un coach polyvalent, d'être complet et crédible dans un maximum de disciplines. Je préfère être bon partout qu'excellent dans un seul domaine. Je veux être à l'aise sportivement et mentalement avec tous mes élèves, qu'ils soient sédentaires ou sportifs de haut niveau. Je veux aller au combat avec eux sans le moindre souci, je ne veux même pas qu'ils se posent de questions sur mon état physique ou mental. Voilà ma devise.

Lorsque je sais que je dois préparer un marathonien, je dois être capable de l'accompagner sur toutes ses séances et ressentir les douleurs qu'il ressent durant son entraînement. Je dois être prêt et opérationnel pour tous les objectifs que je vise avec mes sportifs. C'est une mentalité que j'ai acquise dès mon plus jeune âge et qui s'est confirmée à l'armée puisque je me suis engagé en tant que soldat, le grade le plus bas, pour ensuite progresser dans la hiérarchie. J'aurais pu m'engager par la voie qu'on appelle « directe », en tant que sous sous-officier, et devenir moniteur d'entraînement physique militaire et sportif, mais j'ai choisi d'être soldat car je savais que j'allais un jour entraîner des soldats. Je voulais être passé par les mêmes étapes et avoir vécu les mêmes expériences qu'eux.

Mes entraînements se font en fonction de l'objectif qui m'attend. Toutes mes séances sont testées avant leur mise en pratique avec mes élèves. Les escaliers de Montmartre, je les ai montés avec du poids lesté afin de ressentir la douleur que celles et ceux qui sont en surpoids allaient ressentir le jour du BTC.

Pour la Marche des Champions, j'ai dû me préparer à l'effort en extérieur pendant plusieurs semaines. J'ai dormi dehors avec le moins de confort possible, après de longues heures de marche... même si mon passé de soldat dans l'infanterie a facilité ma préparation.

Avant la course Marseille-Cassis, j'ai dû mettre en place une programmation spécifique en course à pied, car

JUST

je savais que j'allais accompagner une personne portant un pacemaker. J'ai eu peu de temps pour la préparer, mais la magie du BTC que vous allez découvrir dans ce livre a encore frappé, grâce à un accompagnement et un travail court mais acharné.

J'aime le sport, je le vis, je le sens, je le respire, je le pratique, je l'enseigne, je le médiatise mais il faut savoir prendre du recul, vivre sans pendant quelques jours pour revenir plus fort, pour penser et parler d'autres choses. Comme dans tout domaine, il faut savoir trouver un juste milieu pour être performant sur le long terme.

En moyenne, j'effectue 5 séances, étalées sur la semaine. Je me force à récupérer pendant 2 jours, même si ce n'est pas toujours facile, vu mon emploi du temps chargé. Lorsque je sens que je suis trop fatigué, je pars pour décrocher, méditer et me relaxer à la campagne, en famille, loin du sport et de ce qui l'entoure.

Mon but est de faire ce que j'aime. Oui, j'aime travailler mes points faibles, souffrir pendant mes trainings, transpirer, sortir de ma zone de confort, battre des records personnels et tester de nouvelles techniques d'exécution pour ensuite les mettre en pratique.
En tant que coach, je suis conscient que l'on peut vite rentrer dans une routine. Il faut savoir se mettre à jour quotidiennement. Le sport évolue, les techniques et la science aussi, à moi d'être à l'affût des nouveautés et m'ouvrir à d'autres méthodes.

Plusieurs fois par an, je me mets en place des cycles d'entraînements de quelques semaines : soit d'explosivité, d'endurance cardio-vasculaire ou musculaire, soit de souplesse et d'agilité : tout dépend de mon humeur et de l'objectif que je souhaite atteindre au moment présent.

Il faut savoir que le dépassement de soi a ses limites. Il ne faut pas en abuser. Une bonne séance n'est pas synonyme de BTC. Chacune d'entre elles répond à ses propres objectifs pour que l'on soit capable de se surpasser le moment venu. Une bonne séance n'est pas synonyme de courbatures, ni de souffrance ! Une bonne séance est synonyme de plaisir et de progression.

« Mes entraînements se font en fonction de l'objectif qui m'attend. »

Les règles d'or du PROGRAMME SPORTIF

J'ai écrit ce livre dans le but de vous donner un maximum d'outils de réussite pour atteindre vos objectifs. Mais avant de vous lancer, lisez ces pages et ne négligez ces règles sous aucun prétexte. Je compte sur vous !

Règle numéro 1 :
Ne vous comparez pas aux autres

70% de mes élèves désirent avoir un corps qui n'est pas le leur. Ils rêvent d'un objectif qui n'est pas le leur et ils finissent par déprimer, par se détester. C'est alors l'échec assuré. Sachez que chaque corps est différent. Arrêtez de vous rabaisser en vous comparant aux autres. Le mythe du succès instantané, véhiculé par les réseaux sociaux et les médias qui ne nous parlent que de gens qui réussissent, n'existe pas. Il vaut mieux nous concentrer sur nous-même, sur l'authenticité, sur la vraie vie, sur notre propre changement. Bien sûr, vous rencontrerez des échecs, c'est une évidence. Vous songerez même à abandonner, ça fait partie du parcours. Tout le monde passe par là au moins une fois dans sa vie, mais rappelez-vous toujours que si la souffrance est éphémère, la réussite, elle, est éternelle.

Règle numéro 2 :
Le corps parfait n'existe pas

Combien de fois ai-je entendu : « Je veux peser 55 kilos, car ma copine en pèse 56 » ! Aujourd'hui, certains comptes Instagram vous font croire que la femme parfaite doit être bronzée, avoir les fesses bombées, le ventre plat, ni cellulite ni vergeture... Que l'homme parfait doit avoir de super-tablettes de chocolat, un cou de taureau et des muscles d'acier ! Face à ça, vous pouvez avoir tous les complexes que vous voulez, mais commencez par les comprendre, par accepter vos points faibles. Vous détestez votre nez, mais qu'est-ce que vous aimez chez vous ? Pensez positif. Apprenez à faire la part des choses entre ce que vous pouvez changer afin de progresser efficacement et ce que vous devez

« Celui qui veut déplacer une montagne commence par déplacer des petits cailloux. »

(Confucius).

abandonner pour rester vous-même. Le corps parfait n'existe pas. Je le répète, **le corps parfait n'existe pas** !

Règle numéro 3 : Le poids n'est pas un objectif

Cessez de vous focaliser sur votre poids ! Nombreux sont ceux qui avancent des chiffres hasardeux à propos des objectifs qu'ils souhaitent atteindre, sans savoir pourquoi. Cette course aux chiffres n'a rien à faire dans une programmation sportive. Le but d'une prise en main sportive est avant tout un bien-être corporel. Pour cela, fixez-vous des petits objectifs intermédiaires, semaine après semaine. Ne grillez pas les étapes et ne négligez surtout pas les petites réussites. C'est grâce à elles que les grandes arrivent ensuite. Soyez patients, le travail paie toujours.

Dites-moi que votre objectif est de rentrer dans un pantalon ou dans une robe, dites-moi que votre objectif est de vous sentir mieux dans votre peau, dites-moi que votre objectif est d'améliorer votre bilan médical, dites-moi que votre objectif est de vous plaire, tout simplement.

Le poids, quant à lui, n'est qu'une indication parmi tant d'autres, incomplète malheureusement. Il est également l'une des principales causes de baisse de motivation. C'est un objectif beaucoup trop généraliste, qui comprend d'autres facteurs à ne pas négliger. Avant de démarrer votre remise en forme, je vous recommande de vous rendre dans un laboratoire ou chez votre médecin du sport équipé d'une bio-impédancemétrie segmentaire ou d'autres appareils fiables, afin qu'il puisse vous donner les informations nécessaires en début de programmation. Vous apprendrez ainsi que votre poids comprend :

- La masse grasse : poids total de graisse dans le corps.
- Le taux de masse grasse : rapport entre le poids de graisse et le poids total du corps.
- La masse musculaire : poids des muscles dans le corps.
- La masse hydrique : quantité d'eau totale contenue dans le corps.
- La masse maigre : regroupement des os, des muscles, des viscères et compartiments liquidiens.

Vous peser tous les jours n'est donc pas une bonne idée. Une fois tous les dix jours me paraît être un bon compromis.

IL N'EXISTE PAS DE BON TAUX DE MASSE GRASSE à proprement parler, cela dépend de l'âge, de l'activité sportive, du sexe, des particularités de chacun, de l'état de santé, du métabolisme... Il existe certes des moyennes, mais elles sont peu fiables. L'important, c'est votre sensation, vos ressentis, votre bien-être, votre état de santé.

Règle d'or numéro 4 : Visez la santé, vous serez gagnant !

On se focalise beaucoup sur ce qui se voit, le ventre, les fesses, la poitrine... et on néglige ce qui est le plus important, la santé. Je pars du principe que tous les objectifs peuvent être atteints en visant la santé. Évidemment, nous vivons dans un monde de paraître, de spectacle, les transformations esthétiques sont ce qui intéressent les internautes, mais on ne s'intéresse pas à l'évolution d'un bilan sanguin, d'une correction de carence, d'un cœur en meilleure forme, d'une respiration plus fluide, d'une hygiène de vie plus maîtrisée ou de l'augmentation d'un capital santé. Concentrons-nous sur l'essentiel.

Règle d'or numéro 5 : Faites le contrôle technique

Avant de commencer, quel que soit le niveau de pratique que vous envisagez, vous devrez effectuer un **bilan médical complet**. Vous serez certain que vous n'avez pas de contre-indication à la pratique d'activités sportives.

Une visite chez le médecin du sport (de préférence) est un acte préventif, c'est le meilleur moyen pour faire un point complet sur votre corps, et pour permettre un dépistage précoce en cas de pathologie. Selon la demande du médecin, il est à effectuer tous les six mois ou tous les ans. Pour compléter ce bilan médical, prenez rendez-vous chez un cardiologue pour effectuer un électrocardiogramme (ECG) en phase d'effort et au repos. C'est une représentation graphique de l'activité électrique au niveau du cœur, qui permet de détecter certaines anomalies du rythme cardiaque, comme de la conduction de l'influx nerveux... Des informations sur une éventuelle hypertension artérielle, qui peut limiter vos performances et retarder l'atteinte de certains objectifs, sont également importantes. Faites pratiquer un **bilan sur l'état général de vos articulations,** mais aussi de vos muscles (particulièrement les mollets) dans le but de faire une recherche d'œdème, de varices ou d'insuffisance veineuse des membres inférieurs. Enfin, en contact avec votre médecin traitant, faites un bilan sanguin pour vérifier qu'il n'existe pas de carences à combler et déceler d'éventuels facteurs de risque cardiovasculaire. Une fois toutes ces informations connues, vous pourrez optimiser la qualité de votre prise en main.

Règle d'or numéro 6 : Dites stop aux régimes

Je ne suis pas partisan des régimes draconiens sur une période donnée. Je ne crois pas qu'inciter les gens à ne manger que des salades pour perdre des kilos, qu'ils reprendront après un retour à la vie « normale », soit une solution. Je ne suis pas non plus en faveur des plans alimentaires (sauf avant certaines compétitions de haut niveau). Ma méthode consiste à transmettre une ligne directrice à respecter, sans changer radicalement de mode de vie du jour au lendemain. Le but étant de se réhabituer à un mode de vie sain de manière naturelle, sans avoir l'impression de fournir d'énormes efforts. Inutile de vous réprimander et de vous faire la morale sur ce qui est mauvais pour vous, vous le savez mieux que personne. Pour arriver à son but, il vaut bien mieux fournir des petits efforts chaque jour. Si vous n'aimez pas certains aliments essentiels, inutile de vous forcer. Remplacez-les par des aliments aussi bénéfiques pour votre organisme. Votre corps a une mémoire. Si vous lui apportez ce dont il a besoin, il en sera reconnaissant, faites-lui confiance. Et rappelez-vous que le but est de voir loin, vers le long terme !

UN SODA, SINON RIEN !

Il y a quelques temps, j'ai pris en main un élève dont le péché mignon était le soda. Lors de son bilan initial, il m'a fait comprendre que jamais il ne pourrait se passer de cette boisson. Je lui ai répondu qu'il finirait par la supprimer complètement, dans quelques semaines. « Mais comment ?, m'a-t-il demandé. En supprimant une gorgée chaque jour. » Cette méthode peut paraître simpliste, mais à long terme, elle est très efficace.

Règle d'or numéro 7 : Prenez confiance en vous

La vraie confiance en soi n'a rien à voir avec le fait de faire des shootings, ou de prendre des selfies pour les partager sur les réseaux sociaux et d'attendre des commentaires positifs sur son physique. Les personnes sûres d'elles attirent rarement l'attention. Elles savent qu'être soi-même est bien plus efficace que d'essayer de se grandir aux yeux d'autrui. Si elles ne se cherchent pas d'excuses, c'est parce qu'elles pensent être maîtres de leur propre vie. Croire en soi, c'est ne rien lâcher, ne pas baisser les bras dès qu'une difficulté se présente, mais au contraire savoir prendre du recul et mettre en place une stratégie adaptée pour réussir. Face à un obstacle, ne vous demandez pas si vous êtes capable, mais plutôt « pourquoi les autres et pas moi » ? Essayez, vous aussi, de ne plus avoir besoin qu'on vous félicite au quotidien. Ne remettez pas au lendemain et sortez de votre zone de confort.

Règle d'or numéro 8 : Déterminez un nombre de séances par semaine et respectez-le !

Il n'existe pas de nombre précis de séances à effectuer par semaine. Tout dépend de vos objectifs, de votre motivation et du type de programme sportif que vous avez choisi. Toutefois, mieux vaut commencer par une séance par semaine, pour ensuite augmenter progressivement, que l'inverse. En effet, lorsqu'on est motivé en début de programme, on a tendance à être trop gourmand, à se fixer des objectifs parfois irréalisables sur le long terme. Or, l'important, c'est d'aller de l'avant sans reculer. Inutile de vous précipiter, prenez le temps qui vous est nécessaire. Faites en sorte d'être régulier et ne brûlez pas les étapes. Vous pourrez penser à augmenter la fréquence des séances petit à petit, au bout d'un mois, voire moins pour certains. Sachez donc rester patient !

Règle d'or numéro 9 : Pensez cœur avant tout

Quel que soit votre objectif, que vous soyez trop maigre ou en surpoids, il est indispensable de développer vos capacités cardio-vasculaires. C'est un prérequis de toute programmation sportive. Malheureusement, on entend beaucoup de bêtises à ce sujet, comme : « Je ne dois pas faire trop de cardio, car je n'ai pas envie de maigrir ! » C'est encore une fois la preuve que l'on se focalise beaucoup trop sur l'esthétique, sans imaginer à quel point ces séances sont bénéfiques pour notre cœur. Elles permettent de fortifier les artères et les vaisseaux, ce qui diminue les risques d'hypertension artérielle et d'infarctus. Et de vous à moi, à quoi sert de s'entraîner au quotidien, d'avoir des abdominaux saillants et des fessiers toniques si vous arrivez essoufflé en haut des escaliers ? Il ne suffit pas de varier vos séances, vous devez varier votre rythme d'intensité. Le travail en fractionnés doit être inclus dans vos sorties, comme en salle de sport ou à la maison. Vos séances n'en seront que plus ludiques et vous optimiserez ainsi votre progression. Ces trainings vous permettront de booster votre métabolisme, d'améliorer votre récupération après une phase d'effort intense. Peu à peu, vous parviendrez à réaliser un effort de plus longue durée, à haute intensité, pour ensuite récupérer sur une allure plus douce. L'intensité du temps d'effort est propre à chacun. Je vous conseille de vous munir d'une montre avec un cardiofréquencemètre fiable. Avec de la pratique, vous apprendrez à gérer votre rythme sur un temps d'effort précis, à maîtriser votre respiration et à économiser vos dépenses énergétiques.

VOTRE SALLE DE SPORT, c'est chez vous !

Bonne nouvelle, vous pouvez très facilement transformer votre domicile en salle de sport. Le temps est donc venu de pousser votre canapé, votre fauteuil, et de vous mettre au travail. Vous ne louperez plus aucune de vos séances !

Voici huit accessoires que je considère comme indispensables, accompagnés de quelques exercices de base. Vous pourrez les trouver dans tous les magasins de sport, ils sont peu onéreux et pas du tout encombrants. Et, en prime, pour faire entrer votre entraînement dans votre vie de tous les jours, vous allez découvrir comment utiliser de façon ludique six éléments de déco de votre intérieur.

LES 8 ACCESSOIRES INDISPENSABLES

1. Un carnet d'entraînement

Votre carnet d'entraînement PERSO, c'est votre journal intime. Vous y noterez le titre de vos séances, leurs objectifs, les exercices à maîtriser, votre objectif à court, moyen et long terme, vos progressions dans chaque domaine, vos ressentis, vos points faibles à améliorer, vos points forts à perfectionner. Il vous aidera à être assidu dans votre prise en main, il vous permettra de faire un bilan hebdomadaire ou mensuel sur votre progression et votre régularité.

2. Une corde à sauter

La corde à sauter est la base du matériel à avoir à la maison. Elle vous servira tout le temps pour optimiser vos échauffements, développer vos capacités cardio-vasculaires et améliorer votre coordination motrice.

3. Une paire d'haltères

Ils sont très utiles pour la tonification, le renforcement musculaire des membres inférieurs et supérieurs. Vous pouvez, au choix, en acheter une ou plusieurs paires.

4. Un kettlebell

Il est idéal pour les mouvements polyarticulaires, qui vous permettent de solliciter plusieurs articulations et groupes musculaires en un seul mouvement. Il en existe de différents poids.

5. Des bandes élastiques

Pour les mouvements spécifiques de tirage pour apporter une résistance supplémentaire à vos mouvements et faciliter certains exercices que vous ne maîtrisez pas encore, rien de tel que les bandes élastiques de niveaux différents.

BANDE ÉLASTIQUE
KETTLEBELL

HALTÈRES
POIDS LESTÉ
SWISS-BALL
0,5KG
CORDE À SAUTER

6. Une sangle de suspension

Conçue pour des mouvements au poids du corps, pour consolider l'intégralité des chaînes musculaires et pour apporter de la nouveauté dans vos exercices, la sangle de suspension est essentielle. En l'accrochant à une porte, par exemple, vous pourrez profiter des ses bénéfices,

7. Une roulette abdominale

C'est selon moi, l'une des stars de cette liste à cause de son efficacité. Elle permet une tonification optimale de la sangle abdominale. Toutefois, avec elle comme avec tous les autres matériels, vous devez faire attention à votre posture et à la bonne exécution de l'exercice. Ne soyez pas trop gourmand quant à l'amplitude du mouvement.

8. Un swiss-ball

Conçu à la base pour la rééducation du dos, le swiss-ball a depuis fait ses preuves. Il est très polyvalent, et son instabilité vous permet de solliciter vos muscles profonds. En outre, chacun de vos mouvements exige que vous soyez totalement concentré sur votre respiration. Il vous permet d'être davantage à l'écoute de votre corps.

LES 6 ÉLÉMENTS À PORTÉE DE MAIN ET À UTILISER SANS MODÉRATION !

- Votre mur
- Vos chaises
- Votre table basse
- Votre pack d'eau
- Vos escaliers
- La poussette de bébé

Vous ne connaissez pas le cardio-poussette ? Je le recommande à toutes les jeunes mamans qui me rendent visite. L'idée est simple : faites une séance sportive tout en promenant bébé. Augmentez votre allure progressivement, fractionnez-la selon vos sensations. Fixez-vous des objectifs en termes de distance ou de temps d'effort, traversez quelques faux plats ou des petites montées. Pratiquez le cardio-poussette 3 fois par semaine juste après votre retour de couche, c'est une excellente façon de faire du sport !

Just do it.
NIKE

LE BTC

Le BTC est un état d'esprit, un état second, un super-pouvoir que vous pouvez activer face à n'importe quelle situation, pour surmonter des obstacles, des difficultés que vous n'avez pas l'habitude de rencontrer au quotidien.

C'est grâce à mon expérience militaire que j'ai découvert le BTC. J'ai eu l'occasion de partir en opérations extérieures, de connaître la solitude, les moments de doute, des échecs comme des expériences inoubliables. Lorsque les soldats étaient « dans le rouge », on leur disait de mettre leur cerveau sur « OFF » pour atteindre leur objectif, lors d'un parcours d'obstacles chronométré par exemple, ou pendant une longue marche de nuit à la dure. Bloquer mon cerveau face à certaines situations m'est devenu assez naturel. Je me disais que j'avais une sorte de super-pouvoir mental qui m'aidait à aller jusqu'au bout de mes missions. J'ai ensuite utilisé ce pouvoir à maintes reprises, pendant mes examens, mes concours, face à des situations de conflits ou pendant des épreuves physiques qui nécessitaient un travail mental particulier.

Après plusieurs années de coaching et de préparations physiques, j'ai constaté que les pratiquants s'écoutent beaucoup trop et ne connaissent pas leurs limites physiques et psychologiques. Ils sont nombreux qui se contentent de rester dans leur zone de confort, sans aller au-delà. Dès qu'ils sont face à une situation qui les secoue un peu, ils ont tendance à baisser les bras, à abandonner trop facilement. Généralement, ils n'aiment pas se confronter à la difficulté, ont peur de l'échec et se créent des barrières imaginaires. C'est pour cette raison que j'ai mis en place la méthode BTC, qui vous permettra d'accomplir vos missions les plus difficiles, quel que soit votre niveau.

Le BTC est propre à chacun

Nous sommes tous différents et nos réactions émotionnelles face à une situation donnée peuvent varier. Vous n'avez peut-être pas besoin de bloquer votre cerveau pour une action donnée,

Bloquer mon cerveau face à certaines situations m'est devenu assez naturel.

alors que votre ami, lui, aura du mal à l'effectuer. Voilà pourquoi il est important de ne pas vous comparer aux autres, au risque d'être déçu et frustré. Que vous soyez sportif de haut niveau ou sédentaire, cette méthode vous concerne. Nous en avons tous besoin, et peut-être l'avez-vous déjà mise en pratique sans vous en rendre compte. Comme les femmes, par exemple. Imaginez une seconde ce que vit une femme pendant un accouchement. À un certain moment, elle est submergée par la douleur, n'est-ce pas ? Pourtant, impossible pour elle de s'arrêter, de faire marche arrière. Elle n'a qu'un objectif en vue, un seul, mettre son bébé au monde. Son mari, son médecin ont beau lui parler, elle entend, mais n'écoute plus ce qu'ils lui disent. Un déclic se produit en elle : elle trouve la force de se concentrer sur elle-même, de se surpasser physiquement et mentalement. Elle ferme toutes les portes de son cerveau pour bloquer, contrer toutes les ondes négatives qui essaient d'y pénétrer. Elle oublie la douleur et se concentre sur la naissance de son bébé. Devant une situation qui peut paraître insupportable, notre esprit est capable de bloquer ces parasites, ces interférences qui nous murmurent à l'oreille : « À quoi bon poursuivre ? », « Je n'en peux plus, j'ai trop mal, je vais abandonner » ou encore : « J'ai trop de fierté, j'aurais le dernier mot. » Il s'agit donc de rejeter ces pensées négatives, de vous concentrer sur vous et sur l'instant présent, sur le pas que vous êtes en train de faire, sur le bras que vous levez, sur ce litige que vous tentez de régler, sur cet exercice que vous exécutez. Il peut vous arriver d'être irrité. La fatigue accumulée peut vous empêcher d'accepter les conseils, les paroles d'autrui. Vous serrez les poings, vous crispez la mâchoire, votre rythme cardiaque augmente, vous tremblez peut-être. Ce craquage émotionnel est néfaste à l'accomplissement de votre objectif. Cette **colère** qui vous pousse à être agressif est **mauvaise**, elle pompe votre énergie inutilement, elle vous incite à devenir violent envers vous-même et envers les autres.

Face à ces moments délicats, il convient de faire surgir en soi la **bonne colère**, celle qui vous offre le déclic pour ne rien lâcher, celle qui estompe les douleurs physiques, celle qui vous permet de vous concentrer sur vous-même et de rester lucide. C'est une expérience intense, mais qui ne vous bloquera pas. Vous allez découvrir que vous pouvez être en colère face à une situation sans pour autant perdre le contrôle, sans vous comporter de manière asociale ou menaçante. Il est important de dissocier les deux types de colère, la bonne et la mauvaise, et d'analyser vos attitudes.

Sachez utiliser le #BTC à bon escient

Selon les individus, les profils et les caractères, le BTC peut durer plus ou moins longtemps, de quelques secondes à quelques heures. Cela dit, il ne faut pas trop lui en demander. Il faut apprendre à utiliser cette pratique mentale à bon escient et ne pas dépasser certaines limites physiques. Par exemple, lorsque vous effectuez une série de pompes, le BTC peut se mettre en marche, mais sur une période très courte. Ensuite, vos muscles sont congestionnés, l'afflux de sang est à son maximum, vous êtes proche de l'échec musculaire. Les répétitions seront bâclées, l'action des muscles générateurs du mouvement sera compensée par des gestes parasites, peu naturels, et qui peuvent faire naître des blessures. Il devient physiquement impossible de poursuivre votre effort, même si vous y êtes prêt mentalement et que vous voulez absolument poursuivre. La pause devient alors obligatoire. C'est là que j'interviens, pour faire arrêter mes élèves au bon moment. Inutile de leur demander un travail mental supplémentaire alors qu'ils sont physiquement à bout.

Lors d'un effort prolongé, en revanche, comme pendant la Marche des Champions, les ressentis sont totalement différents. Là, on peut réussir à avaler les kilomètres dans un état second. Croyez-moi, j'ai vu des personnes totalement débutantes réaliser des exploits sportifs incroyables pendant des kilomètres. Chacun possède sa propre manière de bloquer son cerveau, certains se concentrent sur leurs enfants pendant plusieurs heures, d'autres comptent de 317 à zéro (ce qui correspond au nombre de kilomètres à faire), d'autres poussent un grand cri qui leur fait du bien et les aide à évacuer les douleurs persistantes. Toutefois, la sécurité doit être primordiale. Je le dis souvent, le BTC est un état d'esprit intelligent qui vise à nous à faire réussir, tout en respectant notre corps.

Le BTC au quotidien

Le BTC peut s'activer le matin au réveil pour soulever sa couette et se diriger vers la salle de bains sans réfléchir, sans se faire avoir par ces fameuses minutes de rab qui nous mettront en retard. Ou lors d'un échange musclé pendant un match de sport collectif ou en voiture. Il est important de penser « BTC » pour rester concentré sur son objectif : poursuivre le match sans en venir aux mains ; achever une discussion sans que la situation dégénère. Sur mes réseaux sociaux, ils sont des centaines qui racontent qu'à présent ils prennent les escaliers au lieu des escalators. Bravo ! Ils ont bloqué leur cerveau. L'effort à fournir peut paraître minimum, mais le simple fait d'y avoir pensé, d'avoir esquivé leur zone de confort, le fait de ne pas suivre le mouvement en faisant la queue devant l'escalator qui finalement nous retarde plus qu'autre chose, est selon moi déjà une victoire. C'est la preuve que le BTC peut être activé à n'importe quel moment, même lorsque vous vous dirigez vers votre placard ou votre frigo avec l'intention de grignoter ! À ce moment précis, vous devez penser au BTC, à vos objectifs. Concentrez-vous sur vous-même, sur ce que vous souhaitez vraiment accomplir dans la vie de tous les jours.

TU CRAQUES ? J'INTERVIENS !

Pendant les BTC, lorsque un participant se laisse submerger par la douleur ou par l'angoisse, j'interviens avec douceur. Mes paroles sont apaisantes, je fais preuve de complicité avec lui sans trop lui en demander. Je lui parle des côtés positifs de ce que nous sommes en train de vivre, je lui rappelle pourquoi il est présent à mes côtés. Je lui répète que cette sensation est passagère, qu'il racontera plus tard son aventure à ses enfants ou à ses amis en riant aux éclats, qu'il n'en retiendra que les bons moments. Bien souvent, je lui fais faire une pause pour qu'il se concentre sur mes paroles, j'introduis une touche d'humour personnalisée. Et il repart !

NIKE SPORTS

20 SEMAINES DE DÉFIS !

À vous de vous surpasser !

+ 4 DÉFIS STARS

C'est l'occasion pour vous de mettre en pratique tout ce que je vous ai expliqué sur le BTC, à travers vingt semaines de défis évolutifs.
Il ne s'agit pas d'un programme sportif mais d'un challenge, qui doit être effectué en complément de votre activité sportive, soit avant, en guise d'échauffement (selon votre niveau), soit après.
Je pars du principe que chaque programmation sportive doit être accompagnée d'un ou plusieurs défis hebdomadaires ou mensuels, pour vous permettre de sortir de votre zone de confort, mais aussi pour vous découvrir mentalement et physiquement, bref, pour goûter au dépassement de soi de façon régulière sur le long terme.
Attention ! L'exécution des mouvements que vous allez découvrir doit être irréprochable et chaque exercice, pour être parfaitement maîtrisé, devra être répété plusieurs fois.
Entre ce qu'on voit en photo ou en vidéo et ce qu'on fait, il y a un monde. Vous pouvez croire maîtriser des exercices qui paraissent très simples, mais sans vous concentrer sur le « pourquoi de tel exercice », vous aurez tendance à le faire mécaniquement. Prenez le temps de faire et refaire les mouvements en vous concentrant sur les muscles qu'ils sollicitent. Assurez-vous de la qualité de votre pratique et ne laissez aucun doute vous traverser l'esprit. C'est parti...

LES OBJECTIFS DE CES DÉFIS :

- **Se dépasser physiquement, mentalement et psychologiquement.**
- **Découvrir ou redécouvrir ses limites.**
- **Booster son métabolisme à travers des efforts courts et intenses.**
- **Développer ses capacités musculaires et cardio-vasculaires.**
- **Maîtriser son corps grâce à des exercices avec un minimum de matériel.**
- **Apprendre et/ou perfectionner des mouvements de base.**
- **Être polyvalent.**

LEUR FRÉQUENCE :

1 défi par semaine, à effectuer plusieurs fois selon les niveaux.

LES DIFFÉRENTS NIVEAUX :

Je vous propose 4 niveaux, du plus facile au plus difficile :

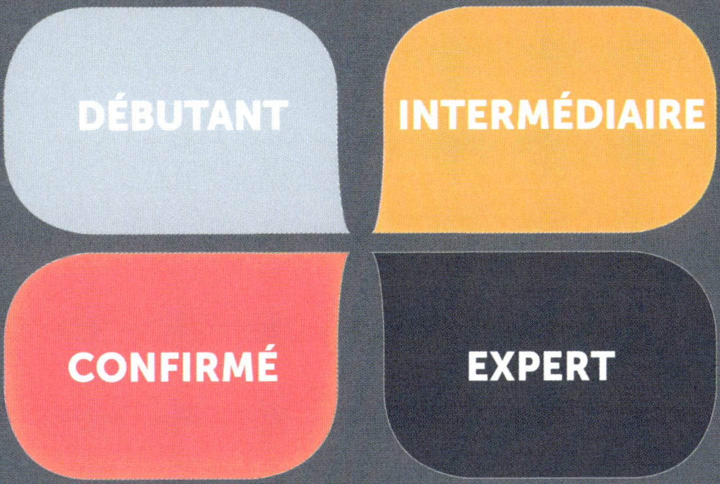

Avant de passer au niveau suivant, assurez-vous de bien maîtriser le niveau actuel. Chaque défi comporte des consignes bien précises, prenez-les en compte et ne confondez pas vitesse et précipitation, même si parfois, l'intensité demandée est élevée, il faudra penser SÉCURITÉ.

Partagez vos ressentis dans vos story Instagram, je reposterai vos records ainsi que vos motivations. Notez vos progressions et faites en sorte de faire mieux lors de votre prochain défi. N'oubliez pas que vous êtes capables de faire beaucoup de choses ! Je suis déjà fier de vous car si vous lisez ces consignes, c'est que vous êtes motivés et prêt à tout donner !

Détails des
EXERCICES

GAINAGE TIRAGE

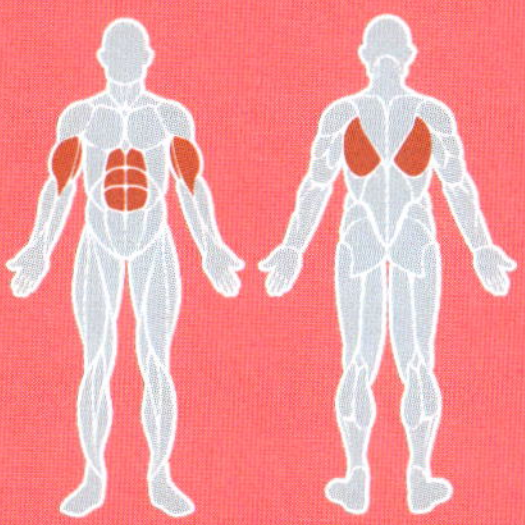
Muscles principaux sollicités durant l'exercice

MOUVEMENT DE HARLOW

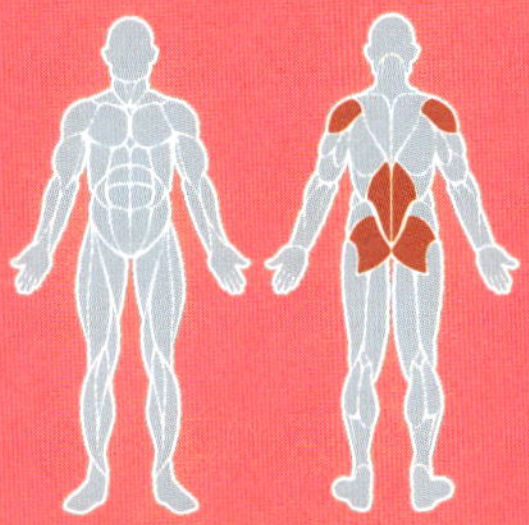

Muscles principaux sollicités durant l'exercice

PONT LOMBAIRES

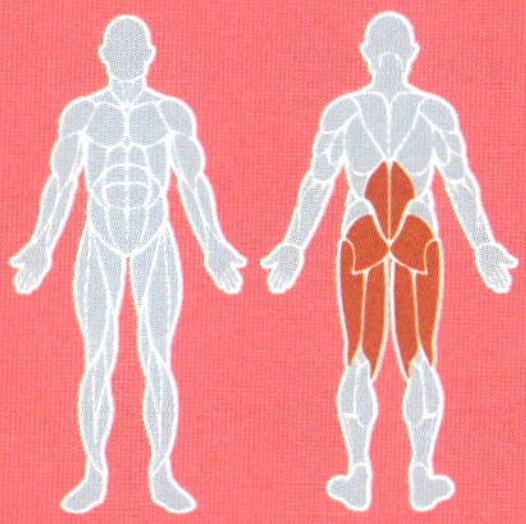

Muscles principaux sollicités durant l'exercice

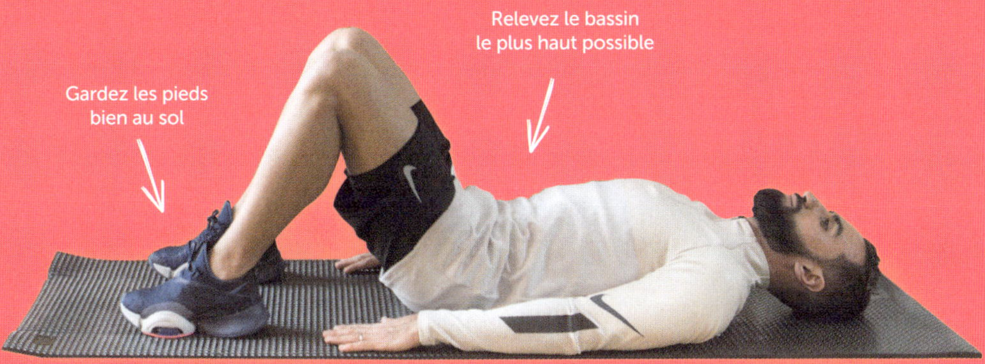

MOUNTAIN CLIMBER

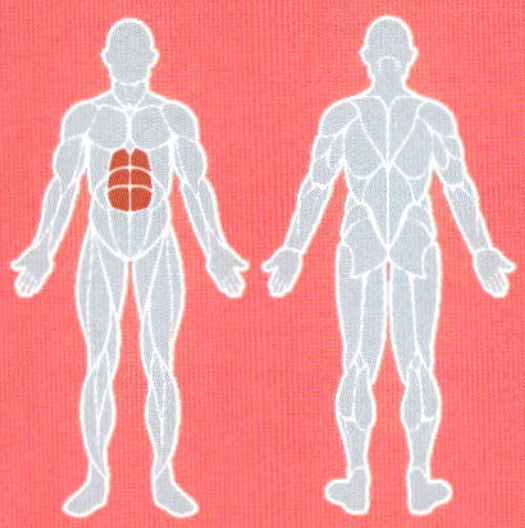

Muscles principaux sollicités
durant l'exercice

EFFECTUEZ LE MOUVEMENT EN CONTINU,
SELON LE TEMPS D'EFFORT OU LE NOMBRE DE RÉPÉTITIONS
EXIGÉ PAR VOTRE NIVEAU.

ALTERNEZ UNE JAMBE
APRÈS L'AUTRE.

MOUNTAIN OBLIQUE

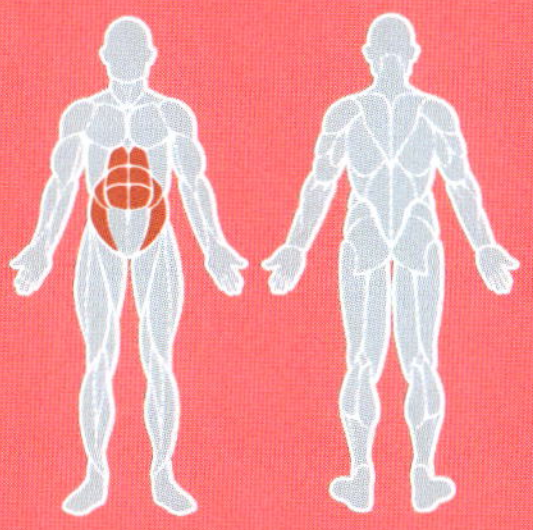

Muscles principaux sollicités durant l'exercice

EFFECTUEZ LE MOUVEMENT EN CONTINU, SELON LE TEMPS D'EFFORT OU LE NOMBRE DE RÉPÉTITIONS EXIGÉ PAR VOTRE NIVEAU.

Expirez à chaque levée de genou

ALTERNEZ UNE JAMBE APRÈS L'AUTRE.

Effectuez une rotation du genou. Cherchez l'amplitude maximale.

GAINAGE VENTRAL

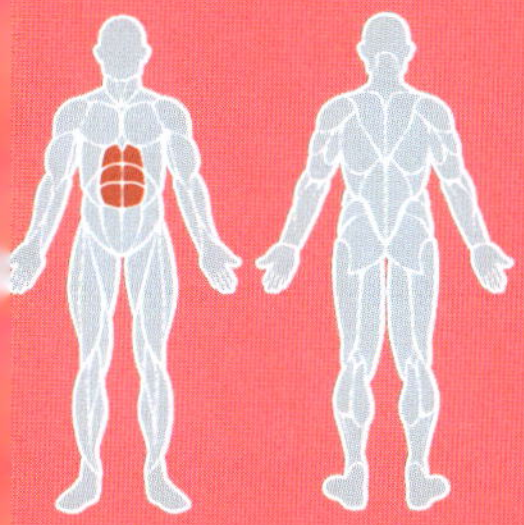

Muscles principaux sollicités durant l'exercice

Gardez le dos bien droit

Gardez la tête alignée avec l'axe du corps

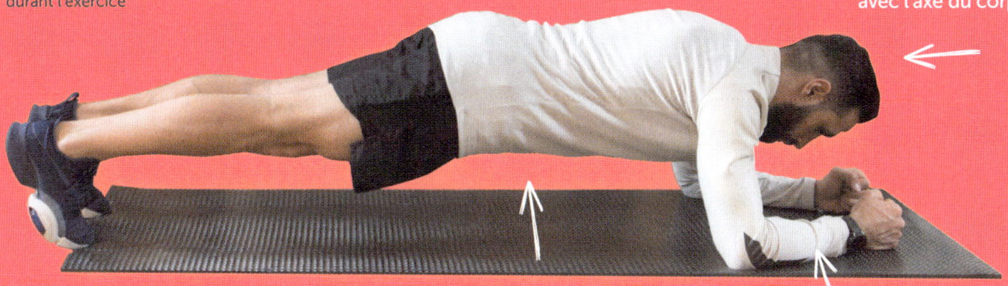

Contractez la sangle abdominale

Expirez profondément

GAINAGE COMMANDO

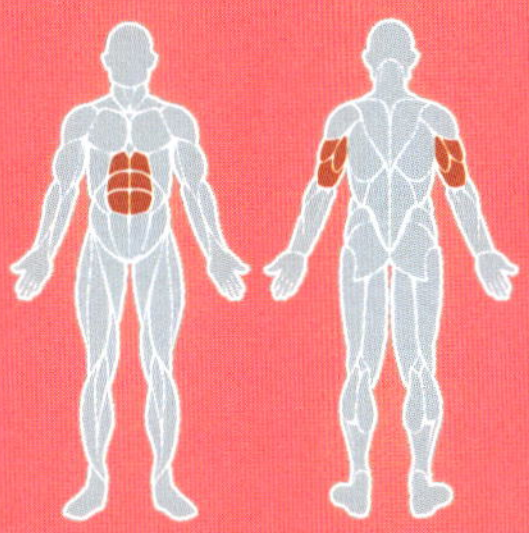

Muscles principaux sollicités durant l'exercice

Effectuez le mouvement en continu, selon le temps d'effort ou le nombre de répétitions exigé par votre niveau.

Une répétition = 1 montée/descente

GAINAGE COMMANDO ADAPTÉ

Prenez en compte les mêmes points clés que ceux du gainage commando, mais l'exercice se fait sur les genoux.

GAINAGE AVANT/ARRIÈRE

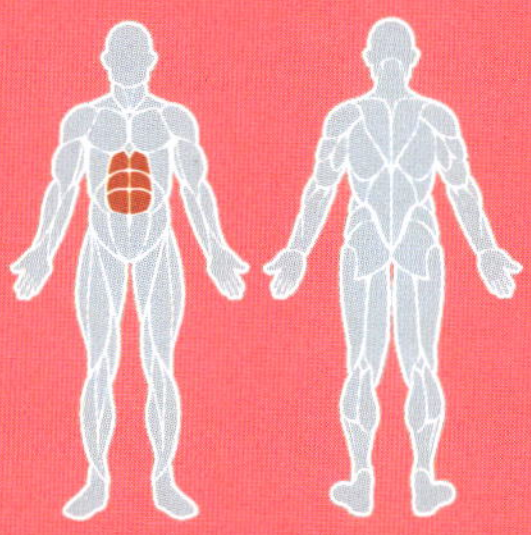

Muscles principaux sollicités durant l'exercice

EFFECTUEZ LE MOUVEMENT EN CONTINU,
SELON LE TEMPS D'EFFORT OU LE NOMBRE DE RÉPÉTITIONS
EXIGÉ PAR VOTRE NIVEAU.

GAINAGE SUPERMAN

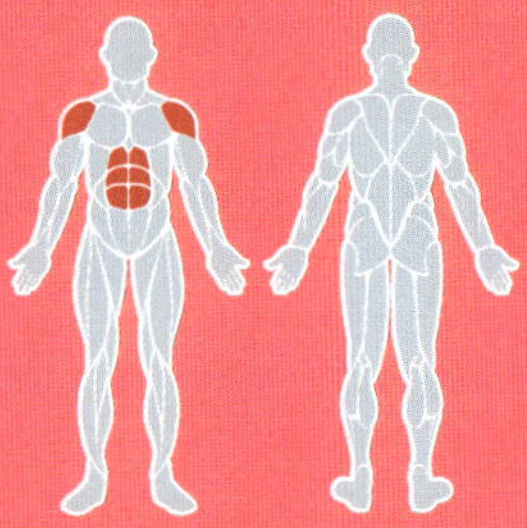

Muscles principaux sollicités
durant l'exercice

Gardez les bras dans l'alignement de vos épaules

Gardez le dos bien droit (Attention : ne cambrez pas et n'arrondissez pas le dos)

Gardez la tête alignée avec l'axe du corps

Contractez la sangle abdominale

TENDEZ LE BRAS GAUCHE VERS L'AVANT. ALTERNEZ AVEC LE BRAS DROIT.

GAINAGE FESSIER

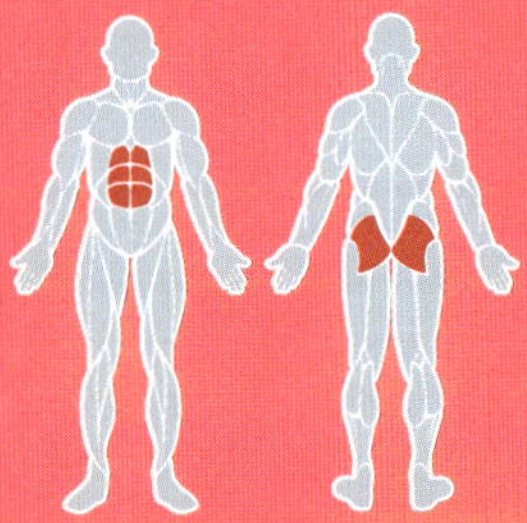

Muscles principaux sollicités
durant l'exercice

Levez la jambe tendue, sans cambrer le dos, puis alternez avec l'autre jambe

Gardez le dos bien droit (Attention : ne cambrez pas et n'arrondissez pas le dos)

Gardez les bras dans l'alignement de vos épaules

Gardez la tête alignée avec l'axe du corps

Contractez la sangle abdominale

GAINAGE JACK

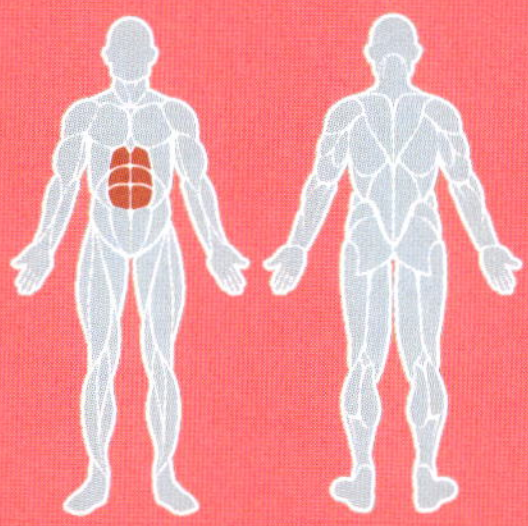

Muscles principaux sollicités durant l'exercice

SQUAT

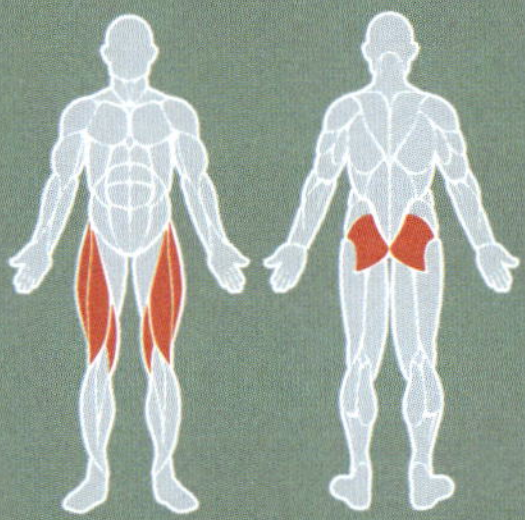

Muscles principaux sollicités durant l'exercice

SQUAT GENOU

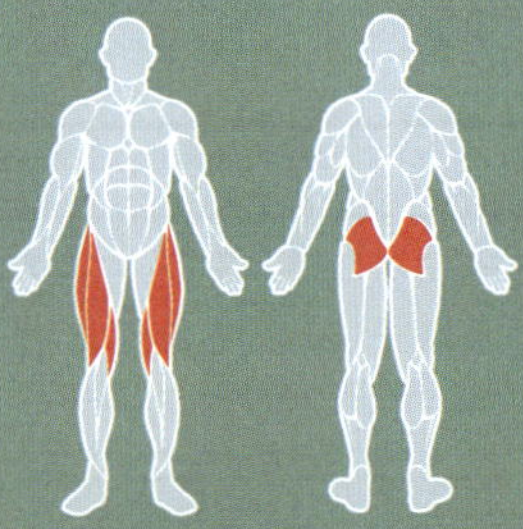

Muscles principaux sollicités durant l'exercice

SQUAT CHASSÉ

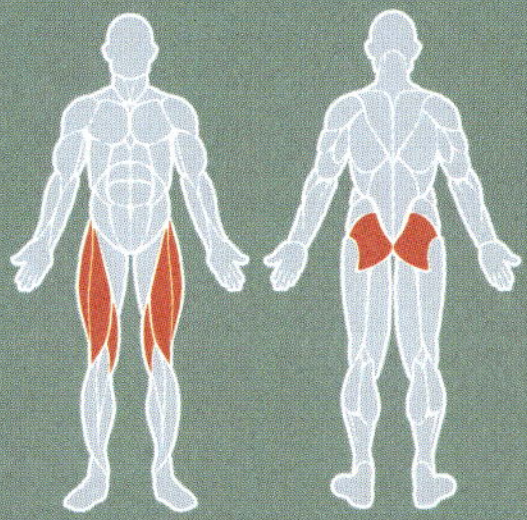

Muscles principaux sollicités durant l'exercice

Placez les fesses vers l'arrière et gardez le dos droit

MAÎTRISEZ LA DESCENTE

Bombez le torse

Écrasez les talons

Expirez lors de chaque montée

EFFECTUEZ UN LANCER DE JAMBE À CHAQUE MONTÉE, PUIS ALTERNEZ. REDESCENDEZ EN POSITION DE SQUAT ENTRE CHAQUE LANCERDE JAMBE.

SQUAT BOUTEILLE D'EAU

Matériel : deux bouteilles d'eau de 50 cl à 1 l selon votre niveau.

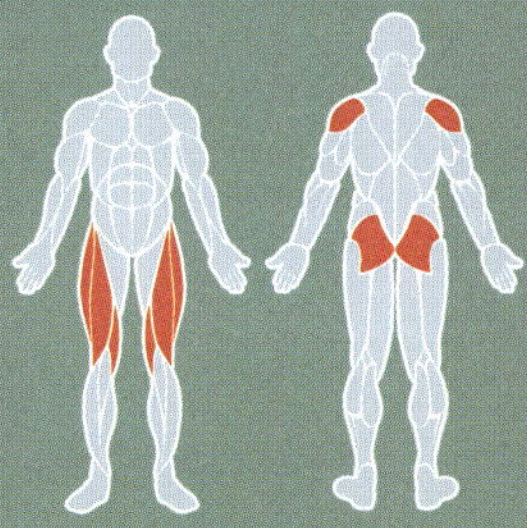

Muscles principaux sollicités durant l'exercice

MAÎTRISEZ LA DESCENTE

Placez les fesses vers l'arrière et gardez le dos droit

Bombez le torse

Écrasez les talons

LORS DE CHAQUE **DESCENTE**, TENDEZ VOS BRAS ENTRE LES JAMBES ET TOUCHEZ LE SOL AVEC LES BOUTEILLES D'EAU.

Expirez lors de chaque montée

LORS DE CHAQUE **MONTÉE**, EFFECTUEZ UNE ÉLÉVATION LATÉRALE SANS DÉPASSER LA HAUTEUR DE VOS ÉPAULES.

SQUAT JACK

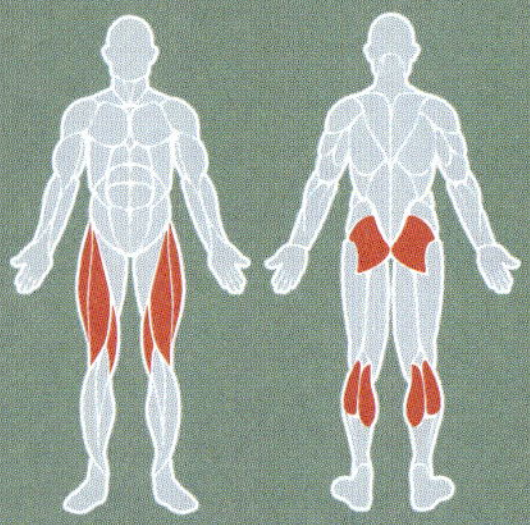

Muscles principaux sollicités durant l'exercice

EFFECTUEZ UNE EXTENSION PIEDS JOINTS SUR LA PLANTE DES PIEDS

REVENEZ EN POSITION INITIALE EN AMORTISSANT LA RÉCEPTION

BOXING SQUAT

Matériel : deux bouteilles d'eau de 50 cl à 1 l selon votre niveau.

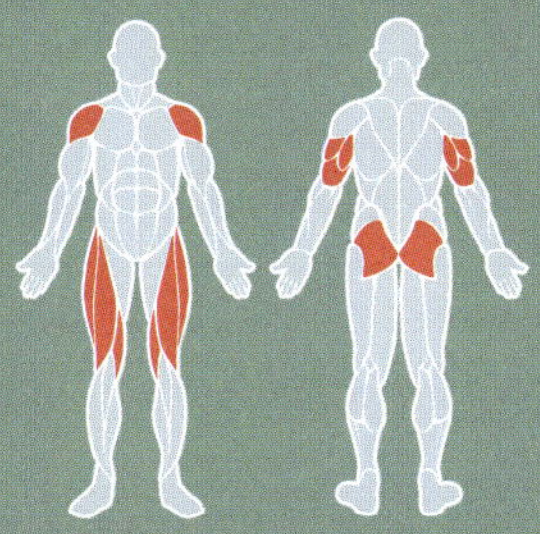

Muscles principaux sollicités durant l'exercice

Placez les fesses vers l'arrière et gardez le dos droit

Expirez lors de chaque montée

MAÎTRISEZ LA DESCENTE

Bombez le torse

Écrasez les talons

LORS DE CHAQUE **DESCENTE**, PLACEZ LES BOUTEILLES D'EAU AU NIVEAU DES ÉPAULES.

LORS DE CHAQUE **MONTÉE**, EFFECTUEZ UN MOUVEMENT « COUP DE POING ».

ENTRE CHAQUE COUP DE POING, REDESCENDEZ EN POSITION DE SQUAT.

SQUAT JUMP

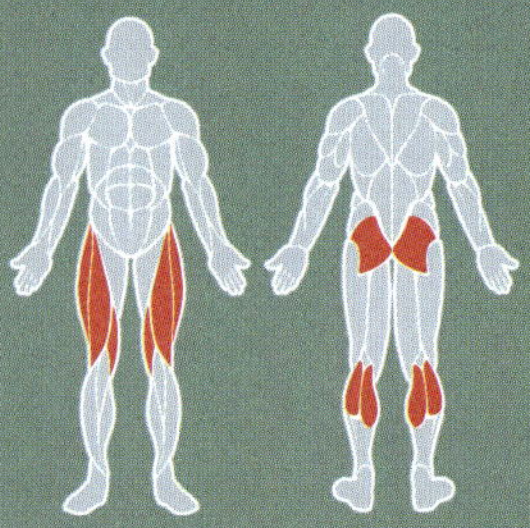

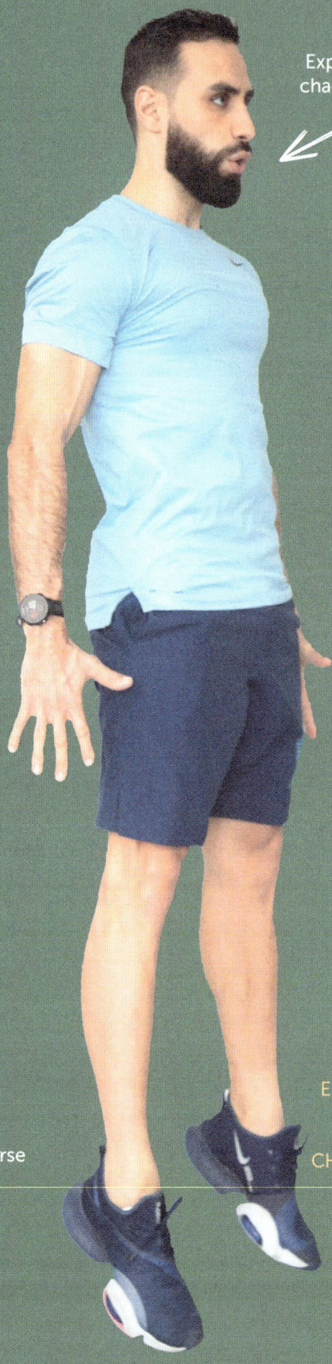

Effectuez une réception douce, sans chocs articulaires.

SQUAT TOUCHE SOL

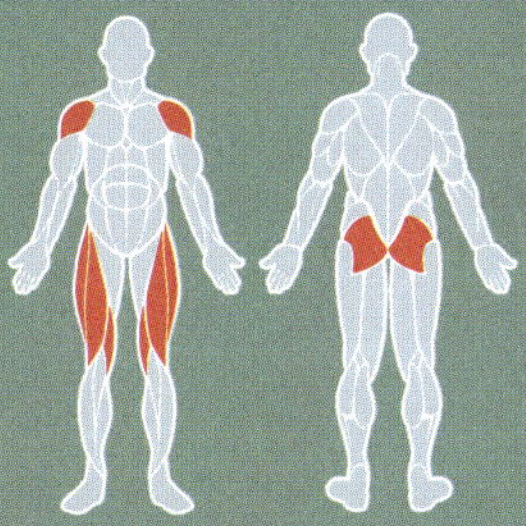

Muscles principaux sollicités durant l'exercice

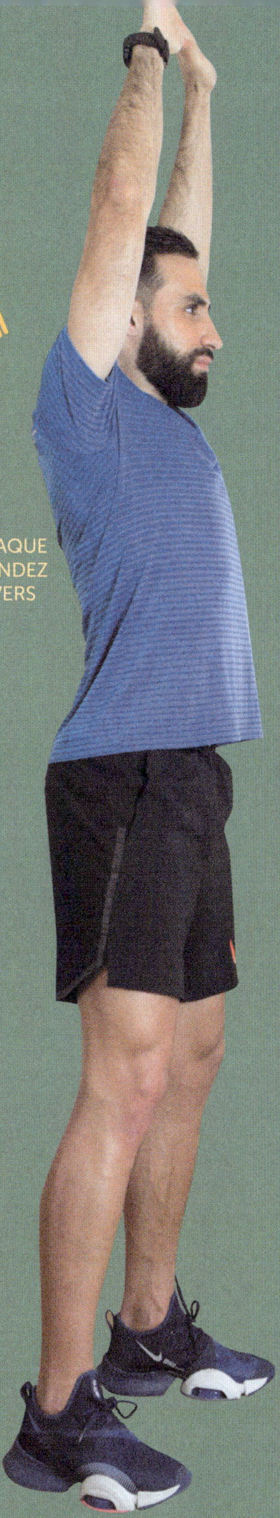

ASSIS DEBOUT

Maîtrise du corps, vivacité d'exécution

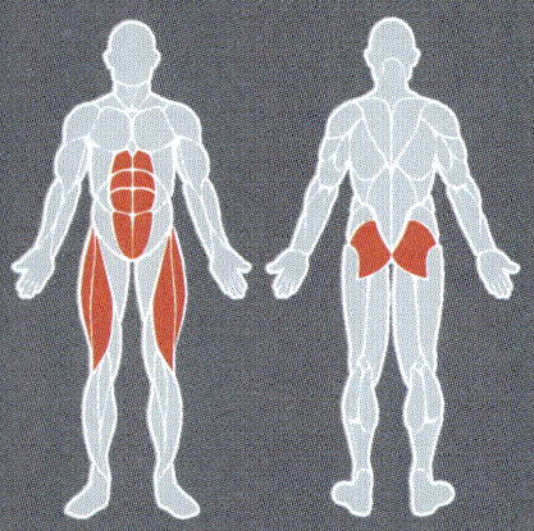
Muscles principaux sollicités durant l'exercice

Départ debout

Mettez-vous assis sur les fesses

ASSIS DEBOUT SANS LES MAINS

Départ debout

Mettez-vous assis sur les fesses

Remontez debout sans l'aide des bras

Remontez debout à l'aide d'un bras

SQUAT SUMO

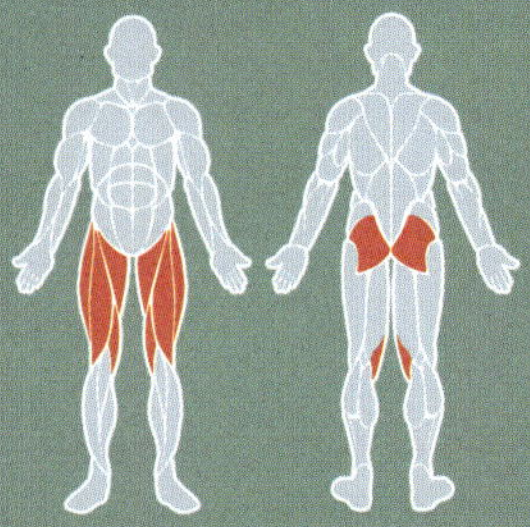

Muscles principaux sollicités durant l'exercice

SQUAT JUMP + DÉPART GENOUX

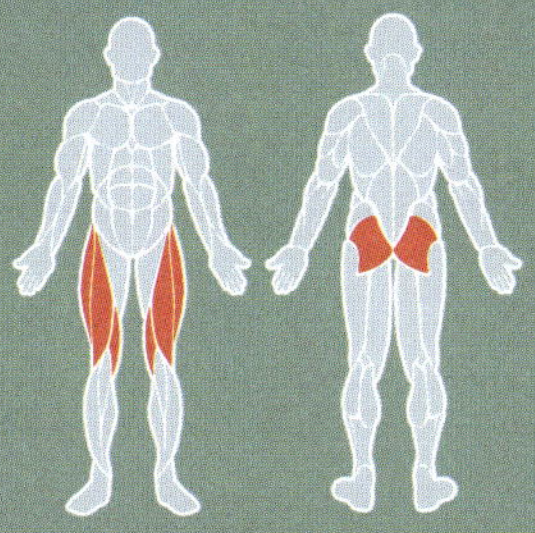

Muscles principaux sollicités durant l'exercice

Départ à genou, dos droit

Relevez-vous, une jambe après l'autre

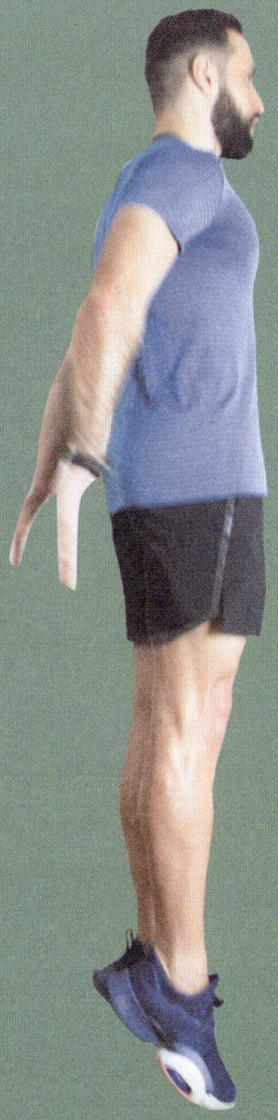

EFFECTUEZ UNE EXTENSION VERTICALE

Effectuez une réception douce, sans chocs articulaires.

MONTÉE GENOU SUR PLACE

Cardio

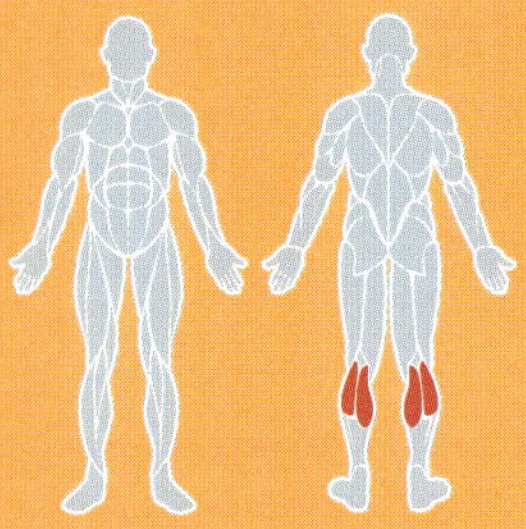

Muscles principaux sollicités durant l'exercice

Gardez la tête alignée avec l'axe du corps

Soufflez à chaque montée de genou

Engagez votre sangle abdominale

Montez les genoux au niveau du ventre en continu

Réceptionnez-vous sur la plante des pieds

GAINAGE SUR MEDECINE BALL

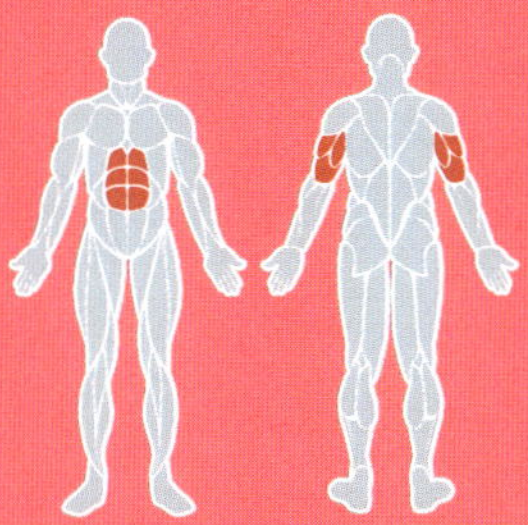

Muscles principaux sollicités durant l'exercice

DIPS

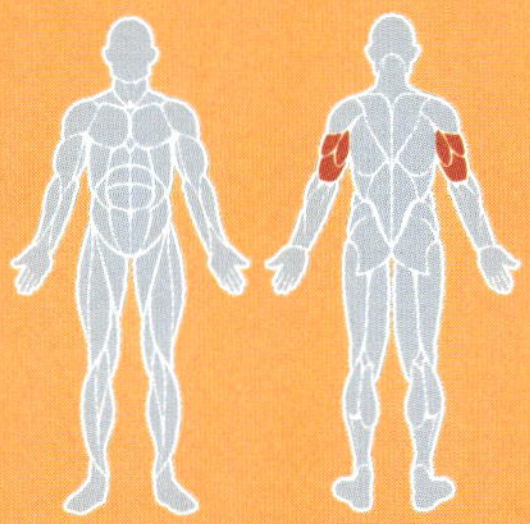

Muscles principaux sollicités
durant l'exercice

VERSION ADAPTÉE

Jambes fléchies

EFFECTUEZ UNE **FLEXION** DE BRAS LE LONG DE LA PLATEFORME.

EFFECTUEZ UNE **EXTENSION** DE BRAS EN LAISSANT UN LÉGER FLEX POUR ÉVITER LA BUTÉE ARTICULAIRE

Ne vous aidez pas du bassin pour remonter.

FENTES AVANT

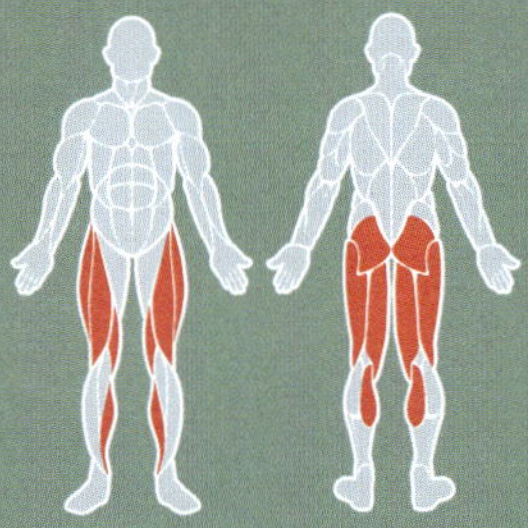

Muscles principaux sollicités durant l'exercice

FENTE AVANT + COUP DE GENOU

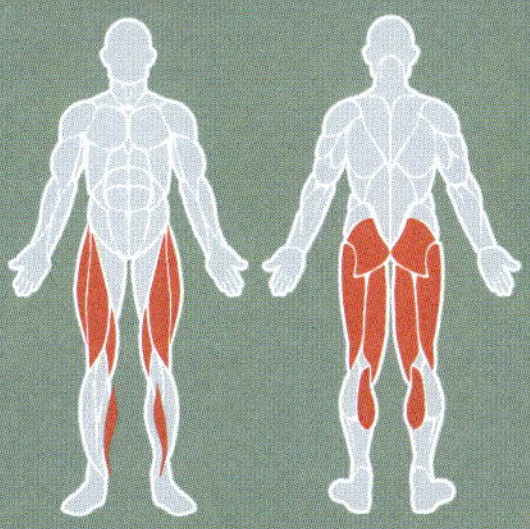

Muscles principaux sollicités durant l'exercice

Redescendez en fente avant entre chaque levée de genou.

CHAISE MUR

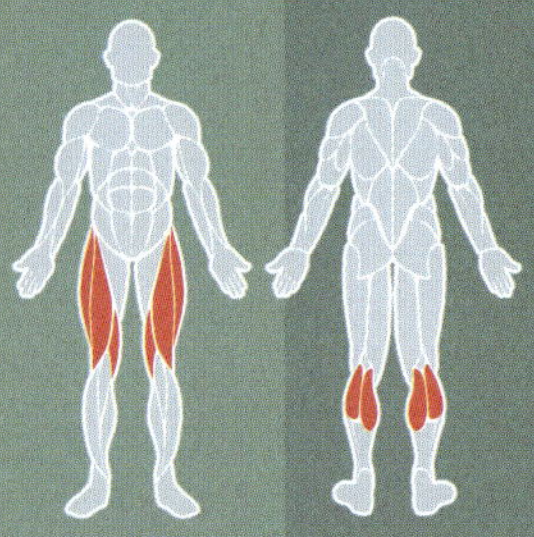

Muscles principaux sollicités durant l'exercice

Tête alignée avec l'axe du corps

Placez votre dos contre le mur

Placez les bras le long du corps

Le genou ne dépasse pas la pointe de pied

Mettez les pieds bien à plat

Levez les talons et mettez-vous sur la plante des pieds

Variante : Selon l'exercice demandé, effectuez l'exercice en continu : talons+plantes des pieds

BURPEES ADAPTÉS

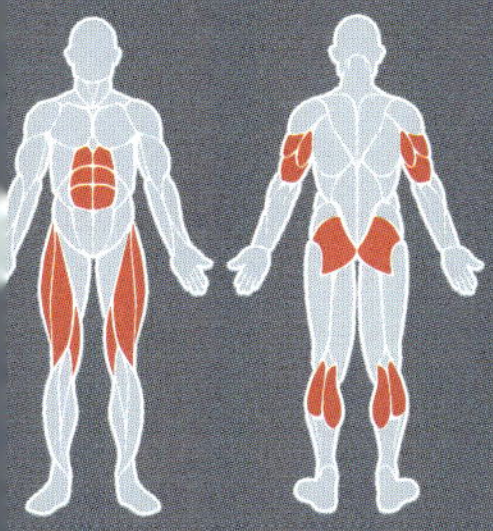

Muscles principaux sollicités durant l'exercice

DEMI-BURPEES

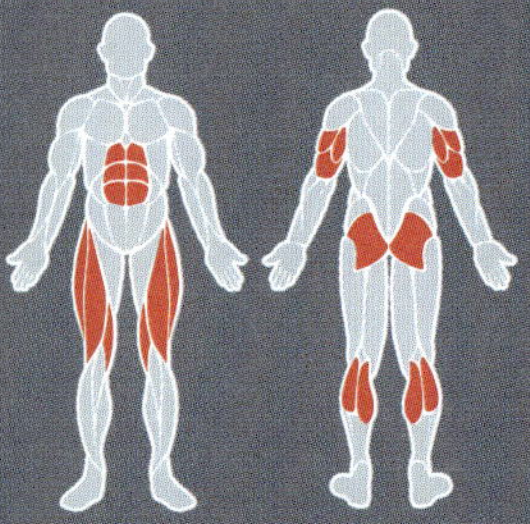

Muscles principaux sollicités durant l'exercice

1 Mettez-vous debout, pieds écartés à la largeur du bassin

2 Fléchissez les jambes en reculant les fesses, vous êtes accroupi avec les mains posées à plat devant vous

3 Reculez les pieds pour les tendre vers l'arrière

Gardez les bras dans l'alignement des épaules

FLÉCHISSEZ LES JAMBES SIMULTANÉMENT

4 SAUTEZ À LA VERTICALE

POMPES DÉPART SOL

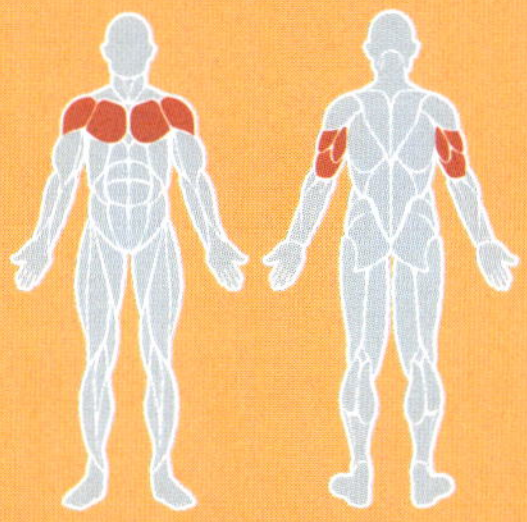

Muscles principaux sollicités durant l'exercice

JUMPING JACK

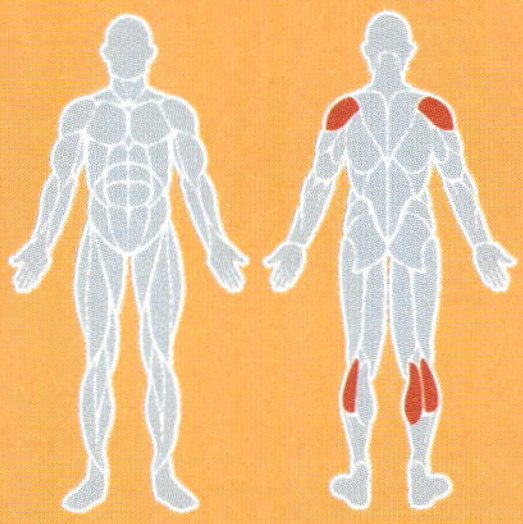

Muscles principaux sollicités durant l'exercice

Gardez le corps gainé pendant la réalisation de l'exercice

Expirez, inspirez régulièrement

SAUTEZ EN ÉCARTANT LES BRAS AU-DESSUS DE LA TÊTE

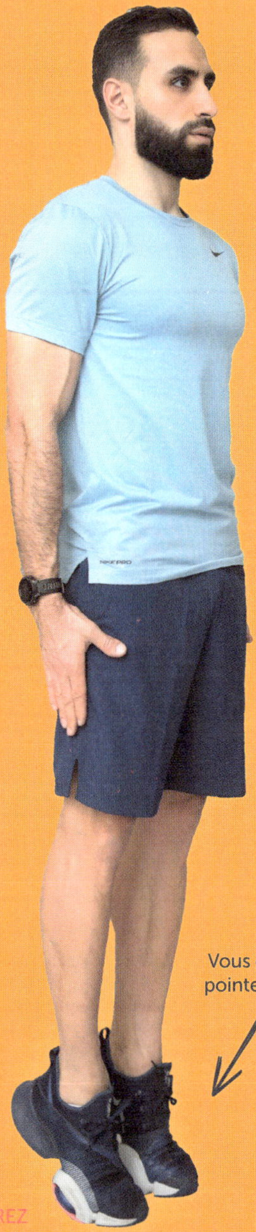

Vous êtes sur la plante des pieds

Vous êtes sur la pointe des pieds

ÉCARTEZ LES JAMBES EN SIMULTANÉ

RESSERREZ LES JAMBES APRÈS CHAQUE ÉCARTEMENT

KETTLEBELL SWING

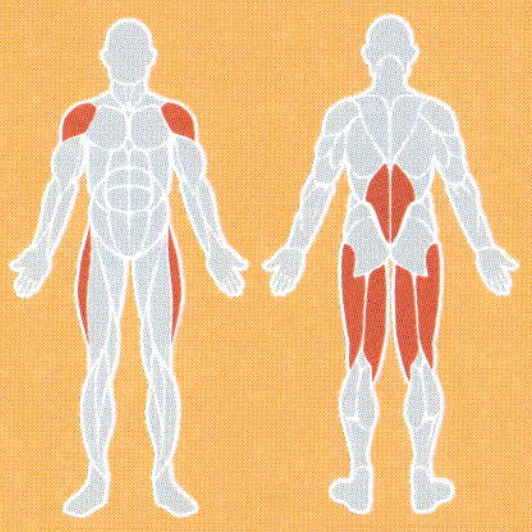

Muscles principaux sollicités durant l'exercice

ABDOS SWISS-BALL

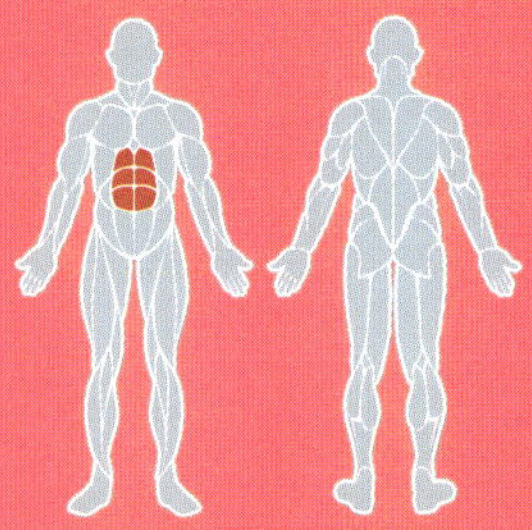

Muscles principaux sollicités durant l'exercice

MAGIC ROULETTE

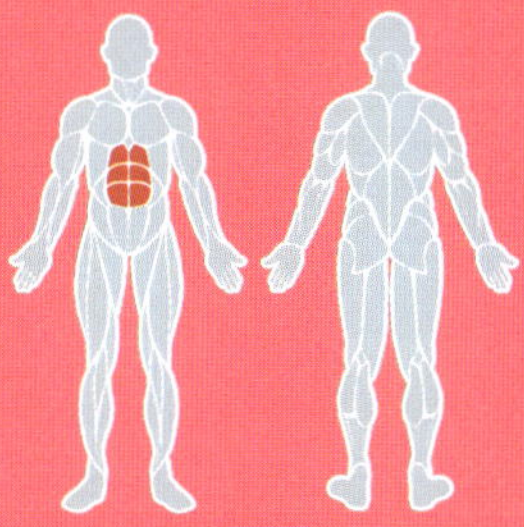

Muscles principaux sollicités durant l'exercice

FENTE AVANT ROTATIVE

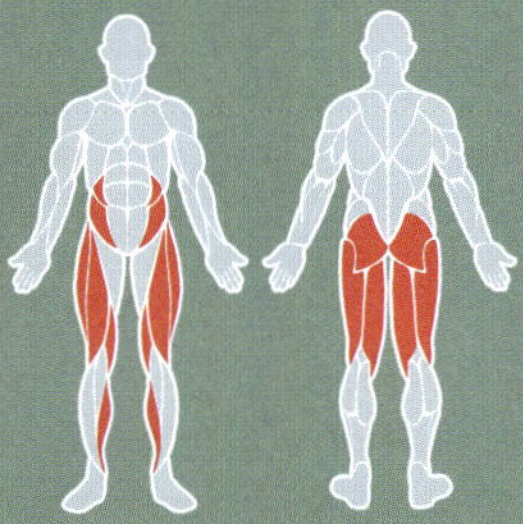

Muscles principaux sollicités durant l'exercice

GAINAGE LATÉRAL

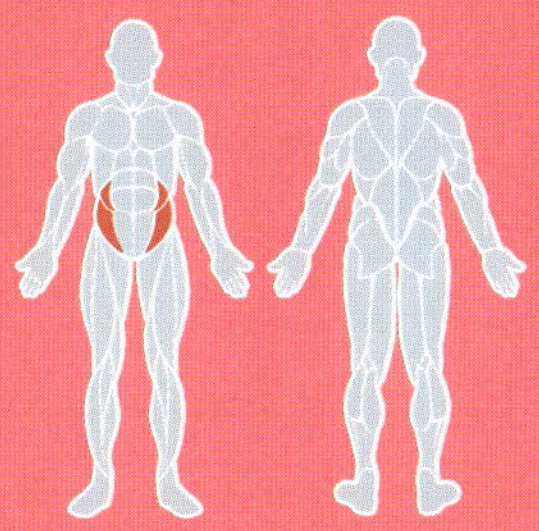

Muscles principaux sollicités durant l'exercice

VERSION ADAPTÉE

TIRAGE ÉLASTIQUE

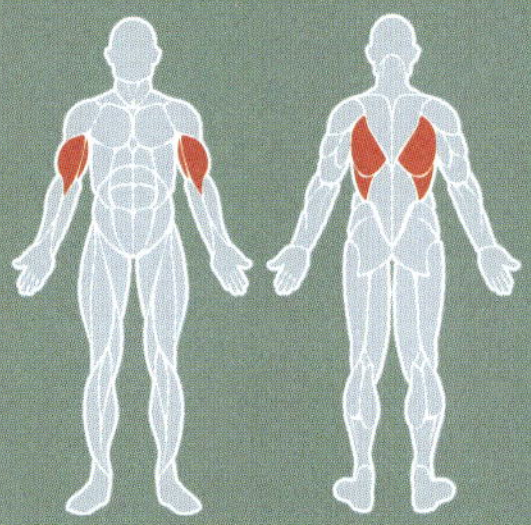

Muscles principaux sollicités durant l'exercice

Tête alignée avec l'axe du corps

Les jambes et les bras sont tendus

Dos bien droit

Placez la bande élastique derrière les deux pieds

Expirez lors de chaque tirage

TIREZ L'ÉLASTIQUE VERS VOUS

Bombez le torse

À noter :
Plus vos mains sont placées sur le devant de l'élastique, plus le mouvement sera difficile.

GAINAGE TOUCHE-ÉPAULE

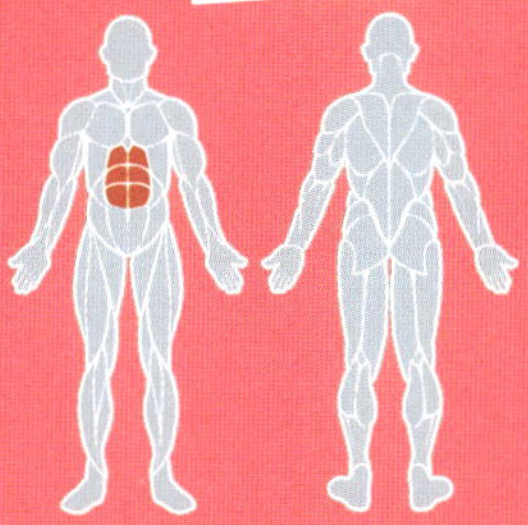

Muscles principaux sollicités durant l'exercice

ARAIGNÉE

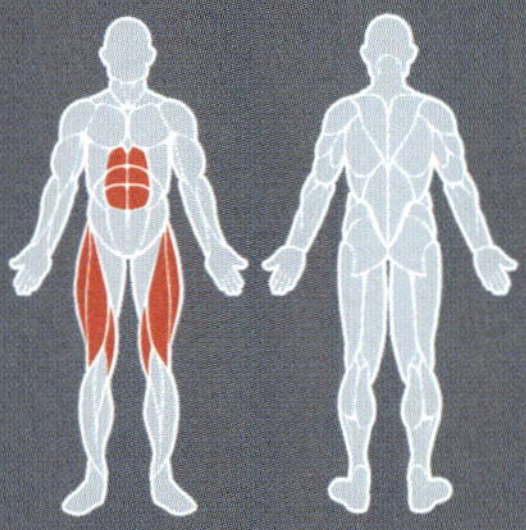

Muscles principaux sollicités durant l'exercice

Mettez-vous debout, pieds écartés à la largeur du bassin

1

Fléchissez les jambes sans les bouger pour vous placer en position de pompes

2

Gardez le dos droit et la tête alignée avec l'axe du corps

3

Remontez debout en
fléchissant les jambes
sans les bouger
4
5

LE DÉFI DE SABRINA

#1

- **2** burpees
- **15 s** de gainage ventral
- **8** squats
- **3** dips

Effectuer cet enchaînement **3 fois** avec un minimum de pause.

- **5** burpees
- **20 s** de gainage ventral
- **10** squats
- **4** dips

Effectuer cet enchaînement **3 fois** avec un minimum de pause.

- **8** burpees
- **30 s** de gainage ventral
- **20** squats
- **6** dips

Effectuer cet enchaînement **4 fois** avec un minimum de pause.

- **8** burpees
- **30 s** de gainage ventral
- 30 squats
- 7 dips

Effectuer cet enchaînement **5 fois** avec un minimum de pause.

LE DÉFI DE SOPHIE

#2

- **3** burpees
- **10** mountain climber au total
- **20 s** de chaise
- **2** pompes

Effectuer un maximum de tours en **6 min**

- **6** burpees
- **16** mountain climber au total
- **30 s** de chaise
- **4** pompes

Effectuer un maximum de tours en **7 min**

- **8** burpees
- **30** mountain climber au total
- **40 s** de chaise
- **6** pompes

Effectuer un maximum de tours en **9 min**

- **12** burpees
- **40** mountain climber au total
- **1 min** de chaise
- **10** pompes

Effectuer un maximum de tours en **12 min**

LE DÉFI D'ASSITAN

Effectuer cet enchaînement **3 fois** avec un minimum de pause.

- **4** burpees
- **12** mountain obliques au total
- **20 s** de chaise sur plante des pieds
- **4** dips

- **7** burpees
- **20** mountain obliques au total
- **40 s** de chaise sur plante des pieds
- **5** dips

Effectuer cet enchaînement **3 fois** avec un minimum de pause.

#3

- **10** burpees
- **40** mountain obliques au total
- **50 s** de chaise sur plante des pieds
- **8** dips

Effectuer cet enchaînement **4 fois** avec un minimum de pause.

- **14** burpees
- **50** mountain obliques au total
- **1'10"** de chaise sur plante des pieds
- **9** dips

Effectuer cet enchaînement **5 fois** avec un minimum de pause.

LE DÉFI D'AZIZA

#4

Effectuer cet enchaînement **3 fois** avec un minimum de pause.

- Monter **50** marches d'escalier une par une
- **3** gainages commando
- **12** squats sumo
- **5** burpees

Effectuer cet enchaînement **3 fois** avec un minimum de pause.

- Monter **60** marches d'escalier une par une
- **5** gainages commando
- **15** squats sumo
- **8** burpees

Effectuer cet enchaînement **4 fois** avec un minimum de pause.

- Monter **70** marches d'escalier une par une
- **8** gainages commando
- **20** squats sumo
- **12** burpees

- Monter **80** marches d'escalier une par une
- **12** gainages commando
- **25** squats sumo
- **15** burpees

Effectuer cet enchaînement **5 fois** avec un minimum de pause.

LE DÉFI DE SAMIA

#5

Effectuer cet enchaînement **3 fois** avec un minimum de pause.

- **10** montées de genou sur place au total
- **20 s** de gainage ventral
- **12** squats + coup de genou au total
- **7** burpees

- **20** montées de genou sur place au total
- **30 s** de gainage ventral
- **15** squats + coup de genou au total
- **10** burpees

Effectuer cet enchaînement **3 fois** avec un minimum de pause.

- **40** montées de genou sur place au total
- **40 s** de gainage ventral
- **20** squats + coup de genou au total
- **13** burpees

Effectuer cet enchaînement **4 fois** avec un minimum de pause.

- **50** montées de genou sur place au total
- **30** squats + coup de genou au total
- **18** burpees

Effectuer cet enchaînement **5 fois** avec un minimum de pause.

LE DÉFI DE NAOMIE

#6

Effectuer un maximum de tours en 8 min

- **20** jumping jack
- **6** mountain climber + **6** mountain obliques au total
- **15 s** de chaise + **15 s** de chaise sur plante des pieds
- **4** pompes

Effectuer un maximum de tours en 10 min

- **30** jumping jack
- **12** mountain climber + **12** mountain obliques au total
- **15 s** de chaise + **15 s** de chaise sur plante des pieds
- **6** pompes

Effectuer un maximum de tours en 12 min

- **40** jumping jack
- **18** mountain climber + **18** mountain obliques au total
- **30 s** de chaise + **30 s** de chaise sur plante des pieds
- **8** pompes

Effectuer un maximum de tours en 15 min

- **50** jumping jack
- **25** mountain climber + **25** mountain obliques au total
- **40 s** de chaise + **40 s** de chaise sur plante des pieds
- **12** pompes

LE DÉFI DE LAUREEN

#7

Effectuer cet enchaînement **3 fois** avec un minimum de pause.

- **9** burpees
- **20** gainages jack
- **15** squats chassés
- **6** dips

Effectuer cet enchaînement **3 fois** avec un minimum de pause.

- **12** burpees
- **30** gainages jack
- **20** squats chassés
- **7** dips

- **15** burpees
- **40** gainages jack
- **30** squats chassés
- **9** dips

Effectuer cet enchaînement **4 fois** avec un minimum de pause.

- **20** burpees
- **45** gainages jack
- **40** squats chassés
- **11** dips

Effectuer cet enchaînement **5 fois** avec un minimum de pause.

LE DÉFI DE SHAMS

#8

Effectuer cet enchaînement **3 fois** avec un minimum de pause.

- Monter **60** marches d'escalier une par une
- **14** gainages superman
- **10** squats jack
- **5** gainages commando

Effectuer cet enchaînement **3 fois** avec un minimum de pause.

- Monter **70** marches d'escaliers une par une
- **18** gainages superman
- **20** squats jack
- **8** gainages commando

- Monter **80** marches d'escalier une par une
- **24** gainages superman
- **26** squats jack
- **11** gainages commando

Effectuer cet enchaînement **4 fois** avec un minimum de pause.

- Monter **90** marches d'escaliers une par une
- **30** gainages superman
- **32** squats jack
- **15** gainages commando

Effectuer cet enchaînement **5 fois** avec un minimum de pause.

LE DÉFI DE NICOLAS

#9

Effectuer cet enchaînement **3 fois** avec un minimum de pause.

- **11** burpees
- **16** gainages touche épaules
- **10** squats avec maintien bas de **3 s**
- **6** pompes

Effectuer cet enchaînement **3 fois** avec un minimum de pause.

- **14** burpees
- **20** gainages touche épaules
- **12** squats avec maintien bas de **3 s**
- **6** pompes

- **17** burpees
- **24** gainages touche épaules
- **15** squats avec maintien bas de **3 s**
- **8** pompes

Effectuer cet enchaînement **4 fois** avec un minimum de pause.

- **22** burpees
- **28** gainages touche épaules
- **20** squats avec maintien bas de **3 s**
- **14** pompes

Effectuer cet enchaînement **5 fois** avec un minimum de pause.

LE DÉFI DE YAMINA

#10

- **20** montées de genou sur place
- **8** gainages fessiers
- **6** fentes avant
- **6** dips

Effectuer un maximum de tours en 8 min

- **30** montées de genou sur place
- **12** gainages fessiers
- **8** fentes avant
- **7** dips

Effectuer un maximum de tours en 10 min

- **40** montées de genou sur place
- **15** gainages fessiers
- **12** fentes avant
- **8** dips

Effectuer un maximum de tours en 12 min

- **50** montées de genou sur place
- **20** gainages fessiers
- **16** fentes avant
- **12** dips

Effectuer un maximum de tours en 15 min

LE DÉFI DE NELLY

#11

Effectuer cet enchaînement **3 fois** avec un minimum de pause.

- **13** burpees
- **15 s** de gainage avant/arrière
- **12** squats jack
- **5** x 1 araignée + **4** mountain climber

Effectuer cet enchaînement **3 fois** avec un minimum de pause.

- **15** burpees
- **20 s** de gainage avant/arrière
- **20** squats jack
- **7** x 1 araignée + **4** mountain climber

- **20** burpees
- **25 s** de gainage avant/arrière
- **26** squats jack
- **10** x 1 araignée + **4** mountain climber

Effectuer cet enchaînement **4 fois** avec un minimum de pause.

- **20** burpees
- **20 s** de gainage avant/arrière
- **30** squats jack
- **15** x 1 araignée + **4** mountain climber

Effectuer cet enchaînement **5 fois** avec un minimum de pause.

#12

Effectuer cet enchaînement **3 fois** avec un minimum de pause.

- Monter **70** marches d'escalier une par une
- **14 s** de gainage latéral droit/gauche
- **8** fentes avant
- **7** pompes

LE DÉFI D'ÉRIK

Effectuer cet enchaînement **3 fois** avec un minimum de pause.

- Monter **80** marches d'escalier 2 par 2
- **20 s** de gainage latéral droit/gauche
- **12** fentes avant
- **8** pompes

- Monter **90** marches d'escalier 2 par 2
- **25 s** de gainage latéral droit/gauche
- **16** fentes avant
- **10** pompes

Effectuer cet enchaînement **4 fois** avec un minimum de pause.

- Monter **100** marches d'escalier 2 par 2
- **30 s** de gainage latéral droit/gauche
- **20** fentes avant
- **15** pompes

Effectuer cet enchaînement **5 fois** avec un minimum de pause.

LE DÉFI D'ÉMILIE

#13

Effectuer cet enchaînement **3 fois** avec un minimum de pause.

- **7** assis-debout à 1 main
- **Max'** au gainage ventral
- **6** squats jump
- **7** dips

- **10** assis-debout à 1 main
- **Max'** au gainage ventral
- **10** squats jump
- **8** dips

Effectuer cet enchaînement **3 fois** avec un minimum de pause.

- **15** assis-debout à 1 main
- **Max'** au gainage ventral
- **15** squats jump
- **9** dips

Effectuer cet enchaînement **4 fois** avec un minimum de pause.

- **20** assis-debout à 1 main
- **Max'** au gainage ventral
- **20** squats jump
- **13** dips

Effectuer cet enchaînement **5 fois** avec un minimum de pause.

LE DÉFI DE MÉGANE

#14

Effectuer un maximum de tours en 9 min

- **15** burpees
- **8** gainages tirage
- **6** fentes avant + **3 s** de maintien bas à chaque répétition
- **7** gainages commando

Effectuer un maximum de tours en 12 min

- **17** burpees
- **10** gainages tirage
- **12** fentes avant + **3 s** de maintien bas à chaque répétition
- **9** gainages commando

Effectuer un maximum de tours en 14 min

- **22** burpees
- **14** gainages tirage
- **16** fentes avant + **3 s** de maintien bas à chaque répétition
- **12** gainages commando

Effectuer un maximum de tours en 16 min

- **24** burpees
- **16** gainages tirage
- **20** fentes avant + **3 s** de maintien bas à chaque répétition
- **16** gainages commando

LE DÉFI DE CÉLINE

#15

Effectuer cet enchaînement **3 fois** avec un minimum de pause.

- **17** burpees
- **20 s** de gainage latéral droit/gauche
- **8** fentes + coup de genou
- **8** pompes

Effectuer cet enchaînement **3 fois** avec un minimum de pause.

- **20** burpees
- **25 s** de gainage latéral droit/gauche
- **14** fentes + coup de genou
- **9** pompes

- **24** burpees
- **30 s** de gainage latéral droit/gauche
- **18** fentes + coup de genou
- **11** pompes

Effectuer cet enchaînement **4 fois** avec un minimum de pause.

- **25** burpees
- **40 s** de gainage latéral droit/gauche
- **22** fentes + coup de genou
- **17** pompes

Effectuer cet enchaînement **5 fois** avec un minimum de pause.

#16

Effectuer cet enchaînement **3 fois** avec un minimum de pause.

- Monter **20** marches d'escalier une par une
- **15 s** de gainage avant/arrière
- **10** squats touché sol
- **8** dips

LE DÉFI D'HUGO

- Monter **80** marches d'escalier une par une
- **15 s** de gainage avant/arrière
- **10** squats touché sol
- **8** dips

Effectuer cet enchaînement **3 fois** avec un minimum de pause.

- Monter **90** marches d'escaliers 2 par 2
- **25 s** de gainage avant/arrière
- **20** squats touché sol
- **11** dips

Effectuer cet enchaînement **4 fois** avec un minimum de pause.

- Monter **110** marches d'escalier 2 par 2
- **30 s** de gainage avant/arrière
- **25** squats touché sol
- **14** dips

Effectuer cet enchaînement **5 fois** avec un minimum de pause.

LE DÉFI DE KAMEL

#17

Effectuer cet enchaînement **3 fois** avec un minimum de pause.

- **19** burpees
- **10** mountain climber + **10** mountain obliques
- **12** squats avec **5 s** de maintien bas à chaque répétition
- **8** gainage commando

Effectuer cet enchaînement **3 fois** avec un minimum de pause.

- **23** burpees
- **14** mountain climber + **10** mountain obliques
- **15** squats avec **5 s** de maintien bas à chaque répétition
- **10** gainage commando

- **26** burpees
- **20** mountain climber + **10** mountain obliques
- **18** squats avec **5 s** de maintien bas à chaque répétition
- **14** gainage commando

Effectuer cet enchaînement **4 fois** avec un minimum de pause.

- **30** burpees
- **30** mountain climber + **10** mountain obliques
- **25** squats avec **5 s** de maintien bas à chaque répétition
- **15** gainage commando

Effectuer cet enchaînement **5 fois** avec un minimum de pause.

LE DÉFI D'ALICE

#18

- **Max** de squats en 3 min
- Récupérer en 3 et 5 min
- Effectuer un **max** de burpees en 1 min

- **Max** de squats en 3 min
- Récupérer en 3 et 5 min
- Effectuer un **max** de burpees en 2 min

- **Max** de squats en 5 min
- Récupérer en 3 et 5 min
- Effectuer un **max** de burpees en 3 min

- **Max** de squats en 6 min
- Récupérer en 3 et 5 min
- Effectuer un **max** de burpees en 4 min

LE DÉFI DE MOUSSA

#19

Effectuer un maximum de tours en 10 min

- **10** assis-debout à 1 main
- **30** montées de genou sur place
- **8** squats jump avec un départ à genoux
- **20** burpees

Effectuer un maximum de tours en 12 min

- **15** assis-debout à 1 main
- **40** montées de genou sur place
- **12** squats jump avec un départ à genoux
- **25** burpees

Effectuer un maximum de tours en 15 min

- **20** assis-debout à 1 main
- **50** montées de genou sur place
- **18** squats jump avec un départ à genoux
- **30** burpees

Effectuer un maximum de tours en 18 min

- **25** assis-debout à 1 main
- **60** montées de genou sur place
- **25** squats jump avec un départ à genoux
- **30** burpees

#20

SEMAINE DES RECORDS

CETTE SEMAINE TENTEZ DE BATTRE UN DE VOS RECORDS !

Le mois des

DÉFIS STARS

Et pour finir les défis en beauté, voici quatre défis stars sans niveau. À vous de vous y essayer, si vous vous en sentez capable !

LE DÉFI D'ISSA

- **100** tours de corde à sauter
- Course : **2 km**
- **50** tours de corde à sauter
- **50** burpees

Effectuer cet enchaînement **3 fois** le plus rapidement possible.

L'allure est à adapter selon votre niveau. Une fois qu'elle sera fixée et connue, elle ne devra pas être changée durant la phase d'effort (sur tapis).

LE DÉFI D'IRIS

- **100** squats
- **2 minutes** de gainage ventral
- **30** fentes avant chaque jambe
- **30 s** de gainage latéral droit/gauche (chaque côté)
- **30** mouvements de Harlow

Effectuer cet enchaînement **3 fois** le plus rapidement possible.

LE DÉFI DE RACHEL

- **4 minutes** de marche rapide en côte à 10%
- **100** mountain climber au total
- **2 minutes** de marche rapide en côte à 12%
- **50** mountain climber au total
- **1 minute** de marche rapide en côte à 15%
- **30** mountain climber

L'allure est à adapter selon votre niveau. Une fois qu'elle sera fixée et connue, elle ne devra pas être changée durant la phase d'effort (sur tapis).

LE DÉFI DE MAEVA

- Effectuer **1000** burpees en 1 semaine

Il est possible de les diviser les burpees en plusieurs jours, le but est d'atteindre les 1000 en 7 jours.

LE TOP
des fausses excuses

1. JE N'AI PAS LE TEMPS DE FAIRE DU SPORT

Personne n'a le droit de dire ça, pas même le président de la République ! Ne me racontez pas que vous n'avez pas 30 minutes pour vous dans la journée ? Si vous me répondez non, alors je vous demanderai 15 minutes... Si votre réponse est toujours négative, je vous demanderai 10 minutes, voire 7 pour faire votre séance. Partez du principe que c'est toujours mieux que rien, au lieu de vous dire que cela ne servira à rien. **Une bonne séance ne veut pas dire une longue séance.** Si elle est courte, intense et sans matériel, cela me convient parfaitement, à condition que vous respectiez l'exécution des mouvements.

2. JE SUIS TROP ÂGÉ POUR FAIRE DU SPORT

Au contraire, plus on vieillit, plus on doit s'entretenir. Après une enquête que j'ai réalisée récemment, j'ai constaté qu'une personne sur deux, arrivée à un certain âge, a un a priori sur le sport en général. C'est très dommage, car le sport ne se résume pas à de la musculation ! La marche lente ou rapide, les tâches ménagères, le jardinage, sortir les poubelles, prendre les escaliers au lieu des ascenseurs ou des escalators sont aussi des activités sportives. **Ces gestes, s'ils sont pratiqués au quotidien, peuvent améliorer votre endurance cardio-respiratoire, votre état musculaire et osseux et, à long terme, votre coordination motrice et votre capacité de concentration.** Le tout est d'y aller avec douceur.

3. Je dois m'occuper de mes enfants

Nos enfants doivent être une force. **Nous devons leur montrer l'exemple à travers notre détermination à vouloir tout faire pour être en bonne santé.** Profitons de l'activité sportive pour nous rapprocher d'eux. Je sais qu'il n'est pas toujours facile pour les parents de s'accorder un peu de temps pour eux, mais faites un petit effort, proposez à vos enfants des défis sous une forme ludique : des courses de sprint ou à vélo, avec une récompense en prime ! Et jouez le jeu, car les enfants ne sont pas un frein, mais une motivation pour gagner votre combat avec vous-même.

4. Je n'ai pas les moyens

Elle existe encore, cette excuse ? Inutile de s'y attarder, j'ai aperçu certains abonnements en salle de sport à moins de 5 euros par mois... En outre, je peux comprendre que vous n'ayez pas les moyens d'avoir un coach privé, mais **le sport, c'est TOTALEMENT gratuit**. En 2020, tout est à à votre disposition : des aires de jeux, des parcs, des gymnases, un toit, des escaliers, des chaises... le sport est accessible à tous. Je vous demande juste de bouger un peu, de fuir l'inactivité, d'avoir l'objectif d'être en bonne santé. Faites-moi plaisir, même si cela vous semble peu de choses, c'est toujours mieux que de prétendre que vous n'avez pas les moyens...

5. J'ai peur de devenir trop musclée

C'est une idée reçue qui, malheureusement, revient souvent mais que finalement je comprends, car de nos jours on voit de plus en plus de « superwomen » sur les réseaux sociaux, ce qui pousse les débutants à croire que les femmes peuvent facilement ressembler à Arnold. Rassurez-vous, vous ne deviendrez pas hyper-musclée du jour au lendemain. Les hommes mettent du temps à développer leur masse musculaire, bien qu'ils soient favorisés pour cela par la testostérone, une hormone qui permet le développement des tissus musculaires plus rapidement chez eux. Chez la femme, en revanche, la croissance musculaire va être limitée. Pour augmenter son volume musculaire, elle devra en outre augmenter considérablement son apport nutritionnel. C'est un objectif respectable, mais sachez que si vous ne désirez pas ressembler à une body-buildeuse, vous ne lui ressemblerez pas. C'est donc une erreur de supprimer le renforcement musculaire de votre programme sportif. Votre corps risque de perdre sa tonicité et d'être moins harmonieux. **Il est important de le renforcer en sollicitant tous les groupes musculaires, même les moins visibles. Ne les négligez pas !**

6. Je suis trop fatigué pour faire du sport

Je dirais que vous avez trop la flemme, nuance ! Pourtant, c'est l'activité sportive qui vous remettra en forme. Vous serez fatigué pendant vos séances, ce qui est tout à fait normal, mais rassurez vous, ce ne sera que ponctuel. Grâce à ce type de « fatigue », au fil du temps, votre corps résistera de mieux en mieux. **C'est en fait la sédentarité qui vous fatigue, car elle réduit vos capacités cardio-vasculaires et musculaires.** Plus grave encore, elle peut provoquer certaines maladies. Une seule réponse : bloquez votre cerveau, pensez à vous, le temps passe plus vite qu'on le croit. Ne vous laissez pas abattre. Le fait de marcher, de faire ses petites courses à pied, de laisser sa voiture au garage sont déjà des victoires. Restons positifs.

OBJECTIF 15/15

Je vous ai concocté 15 objectifs à réaliser. Votre mission, c'est de faire un sans-faute, un 15 / 15. Une fois par mois, faites le bilan. Tant que l'objectif n'est pas atteint, vous devrez renouveler vos efforts le mois suivant. Le but, c'est de persévérer, de ne jamais renoncer !

1.
Effectuer au minimum 3 séances par semaine pendant le mois.

2.
Faire au moins une séance en extérieur par semaine.

3.
Aller se coucher avant 23h au moins 4 fois par semaine.

4.
Travailler ses points faibles au moins une fois par semaine.

5.
Battre le record des 5 minutes au gainage ventral.

6.
Enchaîner 40 burpees sans s'arrêter (avec ou sans flexion des bras).

7.
Boire au minimum 1,5 litre d'eau par jour.

8.
Effectuer au moins 2 séances d'étirements par semaine.

9.
Ne pas monter dans un ascenseur ni sur un escalator.

10.
Manger au moins 2 heures avant de dormir tous les jours.

11.
Enchaîner 100 squats sans s'arrêter.

12.
Tenir 3 minutes en position de chaise contre le mur.

13.
Ne pas consommer de sodas.

14.
S'autoriser 1 repas plaisir par semaine.

15.
Enchaîner 100 mountain climber sans s'arrêter (peu importe leur intensité).

les BTC

Pour mettre en pratique le concept de #BTC, j'organise régulièrement des défis sportifs que j'appelle BTC, auxquels participent les membres de ma communauté.

Comment ?

En lançant des appels à candidatures sur mes réseaux sociaux, afin de donner l'opportunité à tous de découvrir ma méthode. Grâce à mon portable, je partage ensuite en direct ces moments d'aventure humaine et d'exploits sportifs avec toute ma communauté sur les réseaux sociaux.

Pourquoi ?

Pour aider les gens qui n'ont pas la possibilité d'avoir un coach privé. Pour me rapprocher de ma communauté, parce que le virtuel c'est bien beau, mais l'échange direct entre les personnes, et le terrain, c'est irremplaçable. Et pour que mes abonnés n'aient plus d'excuse pour ne pas foncer !

Ou ?

Un peu partout, pour l'instant en France métropolitaine. À Paris, avec des défis aussi variés que les « **Escaliers de Montmartre** » ou « **20 km de Paris** », mais également en province, où la « **Marche des Champions** » nous a emmenés de Lyon à Montpellier, ou pour la course **Marseille-Cassis...**

LA GRANDE FAMILLE YANISPORT

Un beau soir d'automne 2019, tous les aventuriers #BTC m'ont fait une surprise. Une soirée qu'ils préparaient pendant deux mois. Certains, comme Mégane, qui venait du Sud avaient fait un long trajet pour arriver à Paris. Nous avons super bien mangé, bien rigolé et nous nous sommes rappelé leurs BTC respectifs. Ils avaient fait un montage vidéo de nos aventures, et toutes celles et tous ceux qui nous avaient ravitaillé pendant la Marche des Champions avaient laissé des messages. Qu'ils en soient tous remerciés. Ces aventures les ont transformés, et j'en suis ravi. Sachez qu'elles comptent parmi les meilleures expériences de ma vie, vécues avec des personnes de cœur. J'ai beaucoup de chance d'avoir une communauté aussi soudée, authentique et généreuse. Que la famille #BTC continue à s'agrandir !

La marche des CHAMPIONS

317 kilomètres de Lyon à Montpellier, sans eau, sans nourriture, sans auto-stop, sans abri pour dormir et sans argent… un défi de dingues !

À Lyon, à l'été 2019, ils étaient cinq, Alice, Kamel, Paloma, Moussa, Hugo, à prendre le départ avec moi pour un défi sportif de taille : rallier Montpellier à pied en six jours !

Je les avais sélectionnés, deux filles et trois garçons, parmi mes abonnés. Tous n'étaient pas des champions sportifs, loin de là. J'avais prévu de marcher non-stop ou presque avec eux, environ cinquante kilomètres par jour. Le tout sans emporter ni vivres, ni argent, ni abris. D'ailleurs nous dormirions très peu, environ trois heures par nuit à la belle étoile. Pour ce qui était des repas, nous ne pourrions compter que sur la générosité des membres de ma communauté qui allaient venir à notre rencontre, tout au long du parcours, pour nous ravitailler. Un sacré pari, là encore ! Et un pari gagné, toutes les fois où ils sont venus nous soutenir, et nous donner de la force par des attentions particulières et des repas complets. (Certains nous ont cherchés, pendant des heures pour nous offrir des biscuits faits maison, au nom de chacun des aventuriers.) Pendant les pauses, les aventuriers pouvaient appeler leurs proches. Mais pas de téléphone pendant qu'on marchait ! Chacun avait droit à un joker. Un seul. Et pas n'importe quoi. Alice et Kamel l'on utilisé pour changer de chaussures. C'est un proche qui les leur a apportées. Hugo et Moussa n'ont pas utilisé leur joker. Paloma, elle, a utilisé sa mère infirmière pour venir la soigner. C'est pourtant elle, la plus sportive au départ, qui n'a pas pu terminer. J'ai dû la faire arrêter, elle souffrait trop. Mais elle est allée au bout de ce qu'elle pouvait faire et ça, c'est une belle victoire.

Mon travail de coaching

Pour une telle aventure, cinq participants, c'est un maximum pour que je puisse me concentrer sur chacun d'eux pendant ces moments difficiles. Parce qu'il était hors de question pour moi de les lâcher, de bâcler mon coaching mental ! Pendant le casting, je leur ai demandé de réaliser une vidéo de présentation. Ensuite, en échangeant avec eux, j'ai analysé leur état de forme, leur énergie. Ils m'ont, bien sûr, fourni un certificat médical et de nombreuses infos sur leur profil sportif. Et ils ont appris à se connaître avant le départ. Chacun avait des raisons toutes personnelles de vouloir tenter l'aventure, d'aller au bout de ses capacités physiques, mentales et psychiques.

Pendant notre périple, je leur ai beaucoup parlé. On chantait. On se lançait des vannes, on se traitait de cinglés, on se racontait des anecdotes. Je leur expliquais comment se soigner, quand boire, où marcher (sur l'herbe quand c'était possible plutôt que sur le bitume). Dans les moments que je sentais difficiles pour eux, je me mettais à crier, à faire le pitre, à faire des pompes pour les faire rire et les faire penser à autre chose qu'à la douleur. Je les filmais avec mon téléphone pour qu'ils racontent leur ressenti et pour créer une interaction avec les internautes. Tout cela leur faisait du bien.

3 MOMENTS DIFFICILES :

- Les routes de campagne sans aucune ombre, en plein midi.
- La marche de nuit sur une route nationale sans bas-côté.
- L'extrême fatigue accumulée. Certains s'endormaient en marchant !

LE CONTENU DU SAC À DOS DES AVENTURIERS

- 3 pantalons légers de rechange + un pantalon imperméable
- 1 gilet réfléchissant
- 1 brassard lumineux
- des sous-vêtements
- 10 paires de chaussettes techniques de rechange
- 8 tee-shirts
- 1 gourde
- 1 frontale
- un set de batteries externes pour leur téléphone
- une petite trousse de secours
- 1 casquette
- 1 sac de couchage + tapis de sol

Un sacré pari, là encore !

L'esprit de groupe

Pendant ces cinq jours, il y a eu une force de cohésion de dingue. Nous nous sommes tous entraidés, nous nous sommes encouragés, fait rire, consolés. Certains garçons se sont relayés pour porter le sac d'Alice quand elle n'en pouvait plus. Et elle a trouvé en elle la force de continuer, jusqu'au bout, avec les autres. Malgré la pluie, la chaleur, les ampoules aux pieds, la fatigue, et grâce à la générosité de tous ces gens qui sont venus nous soutenir comme mon ami Issa qui m'a fait la surprise de débouler en voiture sur la route la veille de notre arrivée, nous avons atteint Montpellier, notre objectif. Et s'il est une chose dont je suis certain, c'est que pendant ce #BTC, l'aventure humaine a de loin dépassé l'exploit sportif. Cette Marche des Champions, ça a été pour nous tous un vrai chemin de vie.

44 400 MARCHES

De quoi s'agit-il ? De faire faire 100 montées et 100 descentes des marches de la butte Montmartre à des personnes sédentaires qui n'ont pas l'habitude de fournir ce type d'effort. Soit un total de... 44 400 marches à avaler !

J'ai reçu plus de 800 demandes de participation à ce challenge. J'ai retenu sept personnes en mixant les âges, les profils sportifs et les origines culturelles afin que tout le monde puisse s'identifier et se dire qu'il est possible de réaliser l'impossible.
Mégane, Érik, le vétéran de 46 ans, Hicham, Sophie, Assitan, Nicolas et Aziza ont participé à la première édition. Sept filles, Naomie, Céline, Samia, Laureen, Émilie, Nelly et Yamina, ont participé à la seconde.

Un pour tous et tous pour un

Pour réussir ce genre d'exploit, outre un coaching de tous les instants, la cohésion du groupe compte énormément. J'avais créé un groupe WhatsApp une semaine avant le BTC, où les participants ont pu échanger et apprendre à se connaître. Je leur ai bien entendu, donné des conseils sur leur tenue, sur leur alimentation. Je les avais autorisés à manger pendant l'effort, mais en partageant équitablement avec les autres. Le jour J, un dimanche, nous nous sommes retrouvés à deux heures du matin, en bas des marches. Les regards étaient un peu inquiets... Quelques derniers conseils, et nous nous sommes lancés !
Pendant les 21 heures qu'a duré ce BTC, (19 heures pour la seconde édition), une cinquantaine de membres de ma communauté se sont relayés pour nous encourager sans relâche et pour nous ravitailler. Bien entendu, il y eut des passages difficiles, mais aussi des fulgurances inouïes et des moments d'immense camaraderie. Résultat, certaines participantes ont réussi à aller jusqu'au bout ! D'autres ont arrêté bien plus tard qu'ils ne pensaient pouvoir le faire. Mais tous se sont surpassés. Je suis certain qu'ils garderont comme moi un souvenir inoubliable de cette aventure.

LES 20 KILOMÈTRES DE PARIS

octobre 2019

J'avais réussi à obtenir trois brassards pour les 20 kilomètres de Paris. J'ai lancé un appel à candidature sur mes réseaux et j'ai sélectionné deux filles, Alice et Sabrina. Nous avons échangé tous les trois sur un groupe, je leur ai donné des conseils sur le type de chaussures et d'équipement qu'elles devaient prévoir. La veille, elles sont venues me rencontrer sur le village des 20 km où j'animais un stand. On a fait un petit training sympa, plutôt ludique, qui nous a permis de nous rencontrer pour de vrai. Je les avais inscrites dans le groupe de 1 heure 30 pour leur permettre de prendre de l'avance et de ne pas finir avec la voiture balai ! Le lendemain matin, jour de la course, on s'est retrouvés tous les trois en bas de la tour Eiffel. Elles m'ont lancé : « Tu es malade ! On n'y arrivera jamais ! » et Sabrina a poursuivi par un : « Mais qu'est-ce que je fais ici, le dimanche matin, je suis censée bruncher, pourquoi je me fais du mal comme ça ? » qui m'a bien fait rire. Et nous sommes partis. Pendant toute la course, j'ai fait en sorte qu'elles restent ensemble, qu'elles s'entraident. Je les ai rassurées lors des passages à vide. J'ai eu une petite crainte lorsque l'une d'entre elles a ressenti des douleurs intenses à l'épaule, avant de lui faire comprendre qu'elle crispait trop ses bras en courant. Lorsque elles sont arrivées ensemble sur la ligne d'arrivée, j'ai été très fier d'elles. Ces deux filles ont réussi un exploit.

« On a fait un petit training sympa, plutôt ludique, qui nous a permis de nous rencontrer pour de vrai. »

LA COURSE MARSEILLE-CASSIS

avec un pacemaker

Le défi semblait « impossible » : entraîner et préparer une élève porteuse d'un pacemaker pour la course Marseille-Cassis ! Kelly n'avait aucune expérience de la course à pied, et encore moins sur ce genre-là, qui comporte beaucoup de dénivelés et très peu d'ombre. J'ai eu peu de temps pour la préparer (seulement 6 semaines). Le premier jour, je me suis rendu compte qu'elle faisait un malaise au bout de 5 minutes de course. Nous avons énormément travaillé sur sa programmation personnalisée et surtout sur l'aspect « ludique » qui, à la base, n'était pas évident pour elle.

Mon but était non seulement de lui faire atteindre son objectif mais également de lui faire découvrir le #BTC, cette sensation d'état second, de dépassement de soi.

La course fut difficile. Plusieurs fois, elle a voulu abandonner. Mais elle s'est accrochée. Elle a réussi de la plus belle des manières, puisque non seulement elle est arrivée au bout de la course mais elle l'a fait en passant sous la barre des 3 heures ! Résultat final : 2h39. Bravo championne !

« La course fut difficile. Plusieurs fois, elle a voulu abandonner. Mais elle s'est accrochée. »

YaniSport DÉBARQUE À DOMICILE

Les membres de ma communauté me suivent fidèlement, échangent avec moi et entre eux via mes réseaux sociaux. Ils me parlent de leurs challenges sportifs, de leur vie, de leurs problèmes physiques ou autres... Mais parfois, pour aller plus loin, je leur fais la surprise de leur rendre une petite visite impromptue à domicile...

#JiraiCoacherChezVous

Une fois par mois, je sélectionne au hasard un ou une abonnée en France. L'idée, c'est de débarquer chez quelqu'un sans qu'il ou elle le sache, pour lui offrir, grâce à la complicité d'un proche, une véritable séance de coaching d'environ 3 heures. Voilà comment ça marche : je lance l'annonce sur mes réseaux sociaux . Les proches de mes abonnés taguent, me donnent le profil sportif de leur candidat, sa pathologie éventuelle et un certificat médical. Je tire au sort le ou la gagnante, je préviens son proche et, le jour J, je débarque chez lui ou chez elle. Après le premier moment de surprise passé et quelques embrassades, on se met au travail : je fais un tour dans la cuisine, j'inspecte le frigo et les placards, on discute nutrition. Puis, selon l'objectif que souhaite atteindre cette personne, c'est parti pour une séance à domicile. Suées et plaisir garantis !

#CoachingRelooking

C'est un peu la même idée que #J'iraiCoacherChezVous, mais là, je débarque chez une de mes abonnées accompagné par toute une équipe de relooking : Lilly Framboise, ma femme, qui possède une boutique de prêt-à-porter, mais également une coiffeuse, une maquilleuse et une équipe complète de shooting-mode... Le principe de sélection reste le même : Je présélectionne dix candidatures parmi des centaines, avant de choisir parmi ces dix un duo de copines ou de sœurs. Au programme : coaching privé, avec analyse de l'hygiène de vie et conseils alimentaires. Maquillage, soins et coiffage, sans oublier un relooking pour remplir son dressing avec l'aide d'une styliste (les tenues sont offertes).

> ... je leur fais la surprise de leur rendre une petite visite impromptue à domicile...

Ils

RACONTENT

Parmi mes élèves, certains sont célèbres, d'autres pas. Certains ont tenu à vous faire partager un peu de leur vécu pendant leurs trainings ou les différents défis que nous avons vécus ensemble. Voici leurs témoignages.

En tant que comédien, je dois être en forme pour la scène et devant la caméra. Or, j'arrivais dans une phase où je sentais que je stagnais dans ma progression physique.

J'ai donc entrepris des recherches pour trouver un coach. C'est en tombant sur les Instastories de Issa Doumbia et Samy Seghir que j'ai découvert Yanis. J'ai alors fait un calcul simple : « J'aime ces deux personnes, donc si elles sont satisfaites, je pense qu'humainement et sportivement parlant, je devrais, moi aussi, être content. »

Dès ma première séance, j'ai su que j'étais bien tombé. J'ai bien cru que j'allais m'évanouir, mais cela n'a pas été le cas. J'ai compris que la séance était adaptée pour me permettre de me surpasser et de dépasser mes limites, sans jamais me mettre « en danger ». Je ne vous cache pas que je n'aurais jamais pu me faire violence comme ça dans une salle de sport, seul avec moi-même.

Au bout de quelques séances, j'ai ressenti des effets bénéfiques. Mon cardio est revenu. Je peux grimper mes 6 étages sans être essoufflé. Et je me suis senti beaucoup mieux dans mon corps. J'ai dû également changer mes habitudes alimentaires. J'ai accepté de le faire —ce qui était le plus difficile pour moi— parce que j'ai vu que les séances de sport étaient efficaces. Le fameux « blocage de cerveau » pour atteindre et ne pas lâcher son objectif, je l'applique dans la vie pour atteindre mes objectifs professionnels, et avec le coaching de Yanis, je me suis encore plus affûté. Ma démarche était d'abord physique, mais le soutien au niveau du mental que m'apportent les séances avec Yanis est pour moi une belle surprise. Sa philosophie du sport est un très bon allié pour la vie de tous les jours.

Jeremy, comédien.

Yanis possède cette magie et cette volonté de nous propulser vers ce qu'il y a de plus fort et de plus pur en nous. Il nous pense plus fort et nous donne les armes mentales pour qu'avec notre corps nous ne formions qu'un seul bloc qui soit capable de tout. À ses côtés, sa joie et sa rigueur diffusent, nous nous sentons capables de tout. Il nous pousse à la limite, au bout de nos espérances. Grâce à sa bienveillance, il fait en sorte que l'on ne se blesse jamais pendant ses séances. À ses côtés, j'ai appris que l'esprit obéit au corps et que même si on doit écouter son corps ; lui écoute notre esprit aussi !!! Dans la joie et la douleur, les résultats tombent. On arrive à ces séances en se demandant « vais-je y arriver ? » et on en repart galvanisé : on l'a fait !!! Merci d'être toi, Yanis, mon frère ... Merci !

Stomy Bugsy, rappeur et acteur.

J'ai commencé à m'entraîner avec Yanis avant le concours de Miss Univers, en 2016, et je prends toujours autant de plaisir à travailler avec lui. Yanis est un coach qui sait motiver. C'est sa force. Il arrive à trouver les mots qu'il faut pour nous pousser toujours plus loin.

Il comprend immédiatement ce que l'on attend d'une séance : se défouler, gagner du muscle ou perdre de la masse graisseuse et compose la séance sur-mesure, en fonction de nos envies et surtout de nos capacités. Nous sommes tous différents. Et Yanis nous pousse simplement à nous découvrir, en meilleure santé possible.

Iris Mittenaere, Miss France 2016
et Miss Univers 2016.

Effectuer cette Marche des Champions était pour moi un objectif irréalisable. Choisir de marcher 300 km dans des conditions très sommaires (sans nourriture, sans eau, en dormant à la belle étoile...) avec des inconnus, c'était du pur suicide. Cependant peu à peu, on se rend compte que nos limites (physiques et morales) ne sont pas celles que l'on croit, que la douleur peut être surmontée, voire oubliée, que des inconnus peuvent devenir une seconde famille en seulement six jours et que la bonté et la générosité sont encore présentes dans le cœur des gens. Nous nous attendions à vivre une expérience éprouvante physiquement et moralement, mais jamais nous n'aurions cru que notre solidarité et la bienveillance des personnes venues nous ravitailler nous porteraient jusqu'à la place de la Comédie. Une seule personne savait tout cela à l'avance et son plan a fonctionné de A à Z, voire au-delà de ses espérances. Avant de partir, Yanis était pour moi un coach reconnu sur les réseaux, mais inaccessible. Il s'est finalement avéré être un amoureux de son métier, purement altruiste. Penser au bien-être des autres et mettre en avant des valeurs en perdition dans une société toujours plus égocentrique, voilà un sacré challenge. Mais Yanis nous a prouvé qu'il était définitivement un homme de défis et qu'à force de volonté, il est possible de réaliser de grandes choses.

Kamel, professeur de langues, aventurier de la Marche des Champions.

En septembre 2019, dès l'annonce par l'organisation Miss France de ma participation à Miss Univers, je décide de ne pas perdre de temps et de commencer au plus vite ma préparation physique, car Miss Univers est un concours où le défilé en maillot de bain a son importance. Je veux mettre toutes les chances de mon côté. Je décide de contacter Yanis, car je sais qu'il a coaché Iris pour MU. Je le contacte pour lui demander s'il connaît un coach « dans son genre » à Lille, ce qui l'a bien fait rire ! Par « dans son genre », j'entendais un coach de sport qui pousse ses élèves à se surpasser, qui obtient des résultats rapides, qui a un mental d'acier, car pour moi, oui, Yanis a un mental d'acier. Il me propose alors de me coacher deux fois par semaine. J'accepte, ravie mais aussi nerveuse… car en sport j'ai le niveau débutante et j'ai peur de ne pas être à la hauteur. Yanis me met tout de suite à l'aise, m'explique comment parvenir à notre objectif : la perte de masse graisseuse tout en se tonifiant. Il me rassure. Ces séances étaient tout sauf une contrainte, mais plutôt un besoin ! Yanis transmet sa passion du sport, il nous pousse à aller toujours plus loin et on se rend vite compte qu'on en est capable et qu'avec Yanis derrière, on ne lâche jamais. Plus qu'un coach, Yanis est devenu un ami, on a travaillé, on a ri, on a appris et on a partagé. Je retiens de ces séances avec lui qu'il faut toujours « prendre du plaisir » comme il aime à le dire si souvent. En trois mois, j'ai vu une évolution physique énorme. Moi qui, en septembre, n'étais pas rassurée de partir à Miss Univers sans abdos ou sans un « perfect body », je l'ai été quelques mois plus tard, en maillot de bain sur scène. Merci pour tout, Yanis !

Maëva Coucke, Miss France 2018.

Nous étions en répétition pour préparer la tournée du Secteur Ä. Et ce jour-là, mon ami Stomy Bugsy a passé une bonne partie du temps à parler de Yanis. En disant qu'il avait fait la connaissance d'un super coach. Dans les jours qui ont suivi, il me l'a présenté. Quand j'ai rencontré Yanis pour la première fois, j'ai tout de suite vu en lui de la bienveillance. Après quelques minutes de discussion, je me suis senti totalement en confiance. J'ai soulevé mon tee-shirt pour lui montrer mon ventre. Il n'a eu aucun jugement. Il m'a tout de suite rassuré en me disant que ce n'était rien et qu'on allait faire le nécessaire pour perdre ces quelques kilos en trop, mais à notre rythme. S'en sont suivies des séances d'entraînement qui, peu à peu, m'ont donné goût au sport. Très vite, les résultats se sont fait sentir. Avec une perte de poids évidente. Au-delà d'être un coach, Yanis a cette faculté de totalement comprendre ses élèves. Aussi bien physiquement que psychologiquement. Grâce à lui, je suis passé de sportswear à « sportif » . Cela fait plus de deux ans que l'on se côtoie. Malgré mes irrégularités à cause de mon emploi du temps. Aujourd'hui, le sport fait partie intégrante de ma vie.

Jacky Brown, chanteur,
animateur TV/Radio.

J'ai découvert Yanis sur les réseaux. Quand il a annoncé ses défis, j'ai postulé aux 20 km de Paris et il m'a choisie. J'avais été sportive dans ma jeunesse, mais j'avais tout arrêté vers 18 ans. J'avais besoin de me prouver quelque chose. Lorsqu'on manque de confiance en soi, on a besoin de se challenger pour se rassurer. Et il n'y a pas plus rassurant que Yanis ! Il sait vous pousser sans jamais vous mettre en danger. En plus, il a une vision du sport totalement différente de ce qu'on peut voir sur les réseaux. Aujourd'hui, on nous vend du sport avec un physique complètement stéréotypé, des fesses bombées et des gros seins, et honnêtement, il doit bien y avoir plus de 80 % de la population féminine qui ne se reconnaît pas dans cette image. Yanis, lui ne parle jamais de l'apparence. Il pense qu'on ne fait pas du sport pour être beau, mais pour être bien ! Contrairement aux autres coaches qui adorent se montrer, lui ne passe pas son temps à exposer ses biceps et ses tablettes de chocolat. En fait, il pousse les autres, il les aide à se dépasser et apporte une dimension hyper-psychologique au sport. C'est quelqu'un de vraiment hors du commun. Je pense qu'il a un don, cet homme !

Sabrina, déléguée pharmaceutique, participante du BTC « les 20 km de Paris »

J'ai rencontré Yanis par une connaissance commune. Puis on s'est croisés à une conférence sur l'entreprenariat et on a commencé à se voir quelque temps avant qu'il lance la Marche des Champions sur son site. Il m'a proposé d'y participer. Au départ, je n'étais pas très chaud. Je ne suis pas un malade des sports extrêmes, je fais un footing une ou deux fois par semaine, c'est tout. Mais il a su me convaincre, et je ne le regrette pas une seconde ! J'ai vécu une expérience unique, une expérience physique, mais surtout humaine, incroyable. J'ai beaucoup appris sur moi pendant ces cinq jours, des choses qui me servent dans mon métier et dans ma vie de tous les jours. Aujourd'hui, je sais que je suis capable d'atteindre mes objectifs, même ceux qui me paraissent inaccessibles. J'ai vécu une vraie solidarité entre aventuriers et j'ai découvert l'immense générosité de tous ces gens qui sont venus nous soutenir le long du parcours. Sans parler de la générosité de Yanis, qui nous a permis de réaliser l'impossible. Je ne le referais pas, mais je suis fier d'en avoir été et je serai présent sur le bord de la route à la prochaine édition, pour encourager les suivants.

Moussa Camara, entrepreneur, président de l'association « Les Déterminés », aventurier de la Marche des Champions.

Il y a environ quatre ans, Yanis est venu me voir jouer au théâtre. Nous avons très vite sympathisé, j'ai fait une première séance en salle avec lui. Moi, j'adore le sport depuis toujours, les challenges aussi. J'ai commencé le foot à six ans, mais j'ai dû calmer le jeu lorsque j'ai commencé à tourner à l'âge de dix ans. Après m'avoir fait faire un bilan et avoir discuté avec moi pour comprendre quels étaient mes problèmes (je mange très peu et je dors très peu), Yanis m'a pris en main régulièrement pendant 4, 5 mois, à raison de trois fois par semaine. Mon objectif, c'était d'obtenir une certaine athlétisation. Je voulais me muscler, mais aussi améliorer mon cardio pour pouvoir courir et battre mes records personnels ; mais aussi être bien dans ma peau. Au bout de ces quelques mois, avec une bonne alimentation, j'avais pris du muscle, pas de graisse. Mon corps était beaucoup plus tracé. En plus, on s'est bien amusés pendant ces séances. Il me poussait et moi j'adore ça ! Quand il me disait : « allez, vas-y, tu m'en fais 5 de plus », je lui répondais : « tu sais quoi, je t'en fais 10 ! » Avec lui, j'ai appris à intégrer le sport dans ma vie quotidienne. Du coup, après une longue interruption, revenir à la salle est devenu beaucoup moins difficile. Comme l'an dernier, quand j'ai enchaîné des tournages pendant quatre mois et demi, d'abord une série TV en Guadeloupe puis un long métrage pour Netflix en Belgique, et que Yanis m'a envoyé des séances enregistrées que je pouvais faire dans ma chambre d'hôtel. Il sait trouver les mots pour aller chercher en vous, dans votre tête, vos ressorts les plus intimes. Il arrive à vous emmener où il pense que vous pouvez arriver. Cette assistance, on ne l'a pas en solo. Mais Yanis est devenu bien plus que mon coach. Il est devenu mon ami. »

Samy Seghir, comédien.

Yanis, je me souviens encore de cette nuit où tu m'as annoncé que dix jours après, je ferais partie de la Marche des Champions à tes côtés. J'avais décidé de postuler quelques mois après avoir guéri d'une maladie auto-immune. Je me disais que si j'avais passé cette épreuve psychologiquement et physiquement, mon corps serait capable de marcher plus de 300 km et que ce serait un moyen très symbolique de tourner la page et d'avancer. Je ne peux pas raconter ma marche en détail, mais en voilà un résumé :

Après l'euphorie des premiers kilomètres, la douleur est apparue et malheureusement, je n'ai pas réussi à la gérer moi-même dès le début. C'est l'appel d'Issa et les messages en nombre des followers du coach et de mes proches qui m'ont redonné de la force et le sourire. Dans un deuxième temps, chaussures arrachées aux pieds, c'est ma force mentale qui m'a aidée. Notre coéquipière Paloma a arrêté l'aventure, j'étais donc la seule fille à continuer. Pour avancer, j'ai notamment utilisé la technique suivante : compter de 317 à 0 sans m'arrêter et de façon assez frénétique. J'avoue que c'est à ce moment-là que j'ai vécu mon premier BTC. Je ne sentais plus la douleur, je ne réfléchissais plus, j'avançais. À mi-parcours, j'ai à nouveau rencontré des difficultés physiques, mais j'ai toujours pu compter sur mes coéquipiers pour me soutenir. C'est incroyable à quel point Kamel, Moussa, Hugo et Yanis m'ont donné les ailes qui me manquaient à certains moments ! Dans la troisième phase, clairement, j'ai failli abandonner. Mais une phrase tournait en boucle dans ma tête : « Vous allez voir, je vais le faire. » Une pause salvatrice m'a permis de faire le point. Ma mère qui ferait sept heures de route pour venir me chercher, mes amis de route qui se demandaient si j'allais vraiment abandonner, le regard compatissant de Yanis.... et un message de mon père ! Je suis repartie. Ensuite, l'abandon n'a plus fait partie de mes options. Aujourd'hui, je considère que la marche a été le résumé de la traversée de la maladie. J'ai rencontré des personnes bienveillante, et aimantes. Durant cette marche, c'est la tolérance qui a fait de nous de vrais Marcheurs sur ce chemin qu'est la vie.

Alice, sophrologue et coach sportif, aventurière de la Marche des Champions.

Tout a commencé le jour où j'ai cliqué sur « s'abonner » au compte de YaniSport. Puis arrive le post du BTC Escaliers de Montmartre. Je lui envoie un message sans trop y croire, et il me choisit ! Je me retrouve sur WhatsApp, avec six inconnus. On bavarde jour et nuit pendant cinq jours jusqu'à notre rencontre. (À l'heure où j'écris ses mots, on continue à se motiver, à apprendre à se connaître, rigoler et même parfois pleurer ensemble). Samedi 14 septembre, départ à 14h en covoiturage. 11 heures plus tard et un Tupperware de riz dans le ventre, me voici en bas de ces marches. Je reprends un peu mes esprits, tout se mélange, le stress monte, la joie, l'appréhension... Yanis arrive, petit debrief, et c'est parti. Dès la première montée, on est soudés comme lors du premier message échangé. Les montées s'enchaînent. Vers la 20e montée, j'entends que l'une de nous va devoir s'arrêter. Cette nouvelle m'a perturbée. C'est comme si je perdais quelque chose. Je me suis dit : « L'un d'entre nous va peut-être devoir finir cette aventure tout seul. » Il s'avère que cette personne, c'était moi. Mes camarades avaient trop mal aux genoux. Jusqu'à la 30e montée, tout allait bien, ensuite je suis passée par une phase où j'étais dans ma bulle tout en étant là pour les autres, je montais machinalement. Ça a été dur pour moi d'accepter de finir cette aventure seule avec Yanis, mais il fallait que je termine pour lui, pour moi, pour ma sœur Romane qui me suivait à l'autre bout du monde, pour mon équipe et toute la communauté qui nous soutenait depuis le début. À partir de la 70e montée, j'ai commencé à me demander : « Est-ce que je continue ? » Cela faisait maintenant plus de 15 heures qu'on grimpait, la fatigue se faisait ressentir, d'autant que je n'avais pas dormi la veille. J'ai eu droit à un discours de Yanis qui a effacé mes mauvaises pensées et mes doutes. Je ne me rappelle pas ce qu'il m'a dit exactement ni pendant combien de temps il m'a parlé, mais c'était comme si le temps s'était arrêté. Ses mots pénétraient dans mon cerveau et venaient s'y accrocher comme des petits aimants. Je me souviens juste de cette phrase : « ... Tu peux pas me laisser tout seul, Mégane ». C'est à partir de ce moment-là que j'ai activé ce fameux blocage de cerveau. J'ai posé ma bouteille d'eau, je me suis levée et j'y suis retournée. Les 30 dernières montées/descentes furent beaucoup plus difficiles. Mes mollets me faisaient mal dans les descentes, alors je me suis mise à sprinter pour souffrir moins longtemps. En 17 heures 30, je suis passée par tous les stades émotionnels possibles. Le soutien des uns et des autres, l'amour, la bienveillance, le partage, rien que pour ça, jamais je n'aurais abandonné. Grâce a cette expérience, j'ai pu me prouver que c'était possible et la seule chose qui m'a freinée à un moment, c'est le doute sur mes capacités à y arriver. Quand on se retrouve seul avec soi-même et que ça devient dur, c'est justement là qu'il ne faut rien lâcher. Mais Yanis était là. Merci, YaniSport.

Mégane, aventurière du BTC de Montmartre.

J'ai rencontré Yanis par le biais de sa femme, qui du Nord comme moi. Elle me l'a présenté alors qu'ils venaient de s'associer (elle a une boutique de vêtements). Moi, je venais de faire un break d'un an et demi après la naissance de mon fils et j'avais pris 30 kg pendant ma grossesse. Je voulais travailler mon image. J'avais besoin de me remuscler, de me sentir bien dans ma peau pour pouvoir recommencer à travailler à la télé. Nous avons tout de suite sympathisé. Au tout début, je me souviens que je l'ai trouvé super-dur ! Il faut dire qu'il a une formation militaire. Je lui disais : « OK, mais doucement, ne me parle pas comme à tes soldats. » Il prenait son travail très au sérieux, et il m'a énormément aidée. On rigolait bien pendant ces séances. Nous nous sommes vus de manière intensive pendant 4 ou 5 mois, et depuis, dès que je suis à Paris, je fais une séance avec lui. J'apprécie beaucoup ses circuits training, On passe par plusieurs ateliers, pour travailler différentes parties du corps. Ça n'est jamais lassant. Yanis arrive même à vous faire découvrir des muscles que vous ne connaissez même pas ! Il est prévenant, compréhensif, il a toujours le sourire. Mais cela dit, il sait très bien comment vous pousser pour vous emmener là où il veut. Il vous permet de vous surpasser, il vous donne la pêche. C'est un super-bosseur. Quand je vois tout ce qu'il a accompli ces dernières années, tous ces défis, ces marches, je suis vraiment admirative. Le sport, c'est pour lui une véritable passion. Contrairement à d'autres coaches, lui vit, respire sport. Je sais que je peux avoir une totale confiance en lui. Il ne me lâche pas. Quand il voit sur Instagram mes stories de nourriture, il me fait toujours un petit commentaire : parfois positif, quand je prends une assiette de crudités ! Et moi, quand j'ai une activité un peu sportive, j'ai toujours une pensée pour lui. Comme en octobre dernier, quand j'ai fait un trek de 60 km en 4 jours dans les dunes au Maroc. Je lui ai posté une vidéo où je lui disais : « Là, il faut que je bloque mon cerveau, parce que je suis en train de vivre un truc de fou. » Il nous a envoyé un petit message de soutien, c'était très gentil. Mais il faut dire que Yanis est devenu mon ami. J'ai même été témoin à son mariage !

Rachel Legrain-Trapani,
Miss France 2007, comédienne
et animatrice de télévision.

Tout a commencé pendant la course We run Paris. On m'avait demandé de lancer le départ de la course des 2 km pour les enfants. Arrive un petit bonhomme, Liam, qui me dit : « Je suis venu pour courir avec toi ! je suis un fan ! » Ce n'était pas prévu, ça ! Du coup, ça m'a mis la pression. J'ai du mal à dire non aux enfants, J'ai accepté. Au bout de 100 mètres, je n'en pouvais plus, mais il ne m'a pas lâché : « Allez Issa, ne craque pas, je suis avec toi, je crois en toi, on va y arriver, ensemble ! », et ça m'a vraiment touché. J'ai décidé de me reprendre en main. J'ai commencé à voir différents coaches, mais qui ne me plaisaient pas du tout. Je n'avais aucune envie de soulever de la fonte, moi ! Ni de faire tout le temps les mêmes mouvements. Et j'ai rencontré Yanis. Le seul poids qu'il m'a fait porter, c'était celui de mon corps. Ma vision du training a complètement changé. On ne s'en rend pas compte, mais c'est un vrai bosseur, Yanis. Les exercices avec lui sont toujours différents. Et il arrive toujours à m'en faire faire plus que je ne pensais possible ! Là où il est fort, c'est qu'il me fait comparer les mouvements que j'effectue en salle avec ceux de ma vie quotidienne. Quand il me fait faire du tapis en côte, par exemple, il me dit : « Imagine que tu montes vers la sortie de ton parking. » Et pour moi, ça change tout. Tous ces petits mouvements de mon programme, il me les a mis en tête et je les utilise tous les jours, pour chercher un objet sous un meuble par exemple, un truc qu'à présent je peux faire. Au bout de seulement deux mois de coaching, à raison de deux ou trois fois par semaine, alors que j'étais en tournée, je me suis rendu compte tout à coup qu'un sketch que je n'arrivais absolument pas à faire d'une seule traite (il fallait que je me pose plusieurs fois pour reprendre mon souffle), s'était déroulé sans aucun problème. Et puis, à la fin du spectacle, je n'étais plus du tout crevé ! Ce sont des choses comme ça qui ont complètement changé mon quotidien. À chaque fois, à la fin du cours, je lui dis merci !

Pendant sa Marche des Champions, j'étais en vacances du côté de Saint-Tropez. Je suivais leur périple sur mon Instagram. Ils m'ont tellement touché que je me suis dit : « Il faut que j'y aille pour leur faire coucou et les remotiver. » J'ai conduit jusqu'à Montpellier, ils n'étaient pas loin de l'arrivée. Je postais des messages du genre : « Yanis prends en photo les panneaux de villages où vous passez, pour que les gens puissent suivre votre trajet et vous ravitailler ! » En fait, c 'était pour pouvoir les retrouver grâce à mon GPS. En chemin, je me suis arrêté leur acheter de la nourriture. Et là, dans un champ, voilà que j'aperçois au loin des gens avec des gilets jaunes pendant que la chanson de Naza passait à la radio, celle qu'on met à chaque fois pour me booster pendant les séances ! Incroyable comme coïncidence ! J'ai baissé ma vitre. Tous les autres marcheurs ont cru à un coup monté, mais Yanis lui, était scotché ! On est tombés dans les bras l'un de l'autre. Après, ils sont repartis parce que la nuit tombait et je suis allé les attendre à l'arrivée. Ensuite, on a passé toute la soirée ensemble. Ce sont des moments que ni lui ni moi, on n'oubliera. Y'a un autre truc qu'on aura toujours en commun, lui et moi, c'est que son fils est né le même jour que moi. On est liés par ça, je trouve. Un lien d'amitié aussi fort, c'est formidable. Ça a beaucoup, beaucoup changé ma vie !

Issa Doumbia,
humoriste, comédien.

Je réponds à vos QUESTIONS

Question 1 :
Quand et que faut-il manger avant une séance de sport ?

Mieux vaut consommer votre repas au moins 2 heures avant votre activité sportive. Sinon, vous pourriez ressentir lourdeurs, nausées, ballonnements, fatigue précoce et vertiges. Les bénéfices de votre séance ne seraient pas optimums. Plus votre repas est éloigné de votre séance, plus vous pouvez consommer des aliments contenant des protéines, des fibres, des glucides complexes et des lipides qui nécessitent un certain temps de digestion. Par ailleurs, bien que votre organisme ait besoin de carburant, vous devez prendre en compte la nature de votre séance : plus son intensité est élevée, plus vos aliments doivent être digérés rapidement. Gardez votre énergie pour votre séance, pas pour votre digestion ! Contrairement aux idées reçues, mieux vaut éviter de consommer des aliments trop sucrés avant le sport. Ils font grimper la glycémie (la concentration de glucose dans le sang) de manière excessive. Je vous recommande de consommer plutôt des glucides à index glycémique bas, dont l'efficacité énergétique est plus durable. Afin d'optimiser cette efficacité, consommez des aliments riches en protéines sans mauvaises graisses, qui risqueraient de ralentir votre digestion. Si vous optez pour le sport à jeun, privilégiez des séances à intensité modérée.

DÉFINITION DE L'IG : L'index glycémique est un indice qui mesure la capacité d'un aliment à élever la glycémie. Plus l'aliment possède un IG élevé, plus il fera grimper de manière excessive la glycémie. Un IG élevé est supérieur ou égal à 70. Un IG moyen, entre 56 et 69. Un IG bas, en dessous de 55.

Question 2 :
Je n'ai pas faim au petit déjeuner, dois-je manger quand même ?

Je ne suis pas d'accord pour dire que le petit déjeuner est le repas le plus important de la journée. Selon moi, ce repas incite les gens à consommer machinalement, parce que c'est important, alors on mange au réveil même si on n'a pas spécialement faim. Je constate que l'on oublie trop souvent d'écouter ce partenaire qu'est notre corps. Sans lui, la vie est impossible, impossible d'atteindre nos objectifs. On doit donc absolument apprendre à l'écouter, à reconnaître ses envies, sans le gaver inutilement, et surtout, apprendre à s'arrêter de manger lorsqu'il est rassasié. OUI, sans aucun doute, le petit déjeuner apporte des bienfaits, car il est consommé après une période de jeûne (pendant le sommeil), il comble les besoins énergétiques, mais il n'est pas indispensable. Les deux repas principaux fournissent les apports caloriques et nutritionnels nécessaires, le petit déjeuner devient un repas complémentaire, à condition que l'on apporte les bons nutriments à notre organisme durant la journée. De nombreuses personnes s'en passent depuis des années et n'ont aucune carence ni aucun problème de santé (à condition de manger intelligemment lors des autres repas). En outre, on a tendance à ingérer du sucre le matin. Or, du sucre il en faut un peu, mais du bon. Veillez à varier les plaisirs en apportant à votre organisme d'autres macronutriments tels que les lipides et les protéines. Consommer des œufs, du blanc de dinde et des oléagineux au petit déjeuner n'a rien de bizarre, ce n'est juste pas votre mode de vie bien que ce soit assez courant. Si vous êtes en carence ou si vous avez faim au réveil, si vous avez un bilan sanguin déséquilibré, il sera plus astucieux de manger au réveil, cela vous aidera à répartir vos apports journaliers. Mais de grâce : **Arrêtons de manger pour manger** !

Pas d'écrans au petit déjeuner !
Le fait de manger en regardant la TV ou devant son portable augmente spectaculairement les chances de manger machinalement.

Question 3 :
Je viens d'accoucher, que me conseillez-vous avant de reprendre le sport ?

Dans un premier temps, profitez-en pour vous reposer et récupérer de vos différents bouleversements hormonaux, en vous faisant suivre par votre médecin traitant entre trois et six semaines. À la suite de cette période, je vous conseille de choisir une discipline très douce comme la natation douce, la marche lente pour redécouvrir certaines sensations et reprendre progressivement l'activité sportive… Au bout de quelques jours, analysez les réactions de votre métabolisme et concentrez-vous sur votre rééducation périnéale pour retrouver sa tonicité et éviter les fuites urinaires. Trop souvent négligée par les jeunes mamans, cette phase est indispensable pour optimiser ensuite votre activité sportive. Là encore, prenez votre temps, ne soyez pas pressée. Demandez conseil à un spécialiste. Ce n'est pas à vous de décider de la fin de cette rééducation. La reprise de votre activité sportive et son intensité dépendront de votre mode d'accouchement, à décider avec votre médecin.

Question 4 :
Dois-je supprimer le gras de mon alimentation pour maigrir ?

NON ! Mais cela ne veut pas dire que vous devez vous jeter sur n'importe quel aliment dit « gras ». Les lipides sont indispensables au bon fonctionnement de votre organisme et à la régulation de sa température. Vous les trouvez dans les produits animaux ou végétaux, néanmoins, il est nécessaire de savoir les différencier et de bien analyser les étiquettes des produits transformés.

- ✔ **Les acides gras insaturés :** Ces bonnes graisses permettent de diminuer le taux de mauvais cholestérol.
- ✔ **Les acides gras mono-insaturés et polyinsaturés :**
  Riches en oméga 9 pour les acides gras mono-insaturés et en oméga 6 et 3 pour les polyinsaturés, ils sont

présents dans l'avocat, la sardine, le thon, les oléagineux...

❌ **Les acides gras saturés :**
Ils augmentent les risques de diabète et de problèmes cardio-vasculaires. On les trouve surtout dans les graisses d'origine animale (crème fraîche, fromages, graisse de porc), mais aussi dans la margarine.

❌ **Les acides gras TRANS ou graisses hydrogénées :**
On les retrouve dans les soupes en conserve, les viennoiseries, certains biscuits. Les aliments industriels les privilégient, car ils tolèrent une haute température de cuisson, mais ils sont dangereux pour le cœur et les vaisseaux sanguins.

Question 4 : Je suis trop stressé(e), que puis-je faire ?

Il existe deux formes de stress. D'abord le stress aigu, qui permet à l'organisme de s'adapter face aux situations délicates que nous rencontrons tous au moins une fois dans notre vie. C'est ce que j'appelle le bon stress, celui qui vous met une pression positive pour parvenir à vous dépasser. Votre rythme cardiaque augmente, vous tremblez un peu ? Ne vous inquiétez pas, c'est tout à fait normal. Le stress chronique, lui, est plus inquiétant. Il va falloir le vaincre, du moins essayer, car c'est un stress négatif. D'où l'intérêt de pratiquer le BTC que vous avez découvert page 29.

MES SOLUTIONS ANTI-STRESS

1. Identifier les problèmes
Pour les vaincre, commencez par lister vos problèmes, du plus grave au plus bénin, et tentez de trouver des solutions à chacun d'eux.

2. Différencier les problèmes
Ne perdez pas de temps avec des futilités. Hiérarchisez vos soucis, vos agents stressants, ceux qui vous empêchent d'avancer, de progresser correctement. Faites un tableau de vos vrais et de vos faux problèmes.

3. S'offrir du temps rien que pour soi
Vous êtes perpétuellement débordé ? Le stress accumulé est néfaste pour la santé. Faites une pause, un jour ou deux, partez dans un endroit calme pour vous ressourcer, loin de vos problèmes quotidiens.

4. Demander de l'aide
Mettez votre fierté de côté, analysez votre situation et allégez-vous en demandant de l'aide aux autres, à votre employé, à votre collègue, à votre compagnon ou votre compagne. N'hésitez pas à déléguer ou à dire non, sans culpabiliser pour autant.

5. Arrêter d'être perfectionniste
Vouloir tout faire parfaitement en mettant la pression aux autres, comme à soi-même, est l'une des principales raisons du stress chronique. Il convient de sélectionner des missions par ordre de priorité, sans pour autant bâcler le travail, mais en acceptant que la perfection ne soit pas de ce monde.

6. Lâcher son téléphone
Nous passons, moi le premier, beaucoup trop de temps sur les appareils électroniques. Or, il est prouvé que ces outils de communication sont également de véritables agents stressants. Dîtes-vous bien que le temps que vous passez sur votre téléphone, c'est le temps que vous perdez pour prendre soin de vous.

Question 5 :
Je suis indisposée, dois-je faire du sport ?

Vous êtes toutes différentes. Selon vos personnalités et vos humeurs, votre ressenti varie pendant cette période. Cela dit, ayant entraîné autant de femmes que d'hommes, j'ai pu remarquer que, sans l'ombre d'un doute, le sport aide à soulager les douleurs des règles. Je sais que je ne suis pas à votre place et qu'il est facile pour moi de le dire, mais les chiffres ne mentent pas ! Si vos douleurs sont difficiles à gérer, vous pourrez éventuellement adapter vos séances durant votre cycle menstruel, en diminuant l'intensité ou en effectuant des mouvements doux. C'est plus votre état de fatigue du moment qui peut vous empêcher de faire votre training. Si votre flemme est si grande qu'elle finit par empiéter sur votre programme sportif, relevez la tête, bloquez votre cerveau et dites-vous qu'il y aura toujours une possibilité d'adapter vos séances. Donc, la réponse est bien évidemment : OUI, vous pouvez poursuivre votre activité sportive pendant vos règles.

Question 6 :
Dois-je me mettre au fasting pour perdre de la masse graisseuse ?

Tout est une question d'objectif et de profil. Le fasting consiste à alterner une période d'alimentation et une période de jeûne de 16 heures au minimum (parfois plus). Pendant cette période de jeûne intermittent, vous pouvez boire de l'eau, du café, du thé ou une boisson détoxifiante. Il s'agit par exemple d'arrêter la prise alimentaire de 20 h jusqu'au lendemain 12 h, ce qui permet de sauter le petit déjeuner. C'est intéressant, car ça vous permet de manger assez tôt le soir et de ne pas ingurgiter d'aliments machinalement au réveil (ce que trop de personnes font). Il est vrai que certaines études ont démontré que de courtes périodes de jeûne ont un impact sur le métabolisme, notamment sur les niveaux d'insuline qui diminuent, les taux de cholestérol qui s'améliorent ou la réduction de certaines maladies cardio-vasculaires. Néanmoins, je ne le recommande pas à tout le monde. Si vous pensez qu'en mettant en pratique cette méthode, vous entrez dans une phase de restriction psychologique, le jeûne n'est pas fait pour vous, car le but n'est pas de subir. Le jeûne intermittent doit entrer naturellement dans votre vie. Je le recommande souvent à mes élèves qui n'ont pas l'habitude de prendre de petit déjeuner ou qui souvent sautent naturellement un repas. Rien ne vous empêche de le faire une fois par semaine, pour tester dans un premier temps avant d'ensuite augmenter la fréquence hebdomadaire de votre jeûne. Bien évidemment, cette méthode se pratique en parallèle à une activité sportive, pour le bon fonctionnement de l'organisme. Mais de là à pratiquer le fasting juste pour perdre du poids... encore une fois, la perte de poids ne veut rien dire.

Question 7 : Comment dois-je organiser mon échauffement ?

On a tendance à négliger l'échauffement. Il doit durer entre 10 et 20 minutes selon le type de séance et doit être le plus complet possible pour limiter le risque de blessures, préparer le corps à l'effort physique et mental. Commencez par un échauffement cardio-vasculaire (même si ce n'est pas une séance cardio) sur tapis de course, vélo elliptique, vélo, rameur, stepper, à la corde à sauter, en alternant les allures et l'intensité de manière progressive.

Exemple d'échauffement (généraliste) :

• Débutez par 15 minutes de rameur dont 6 minutes à allure constante à basse intensité + 6 minutes en fractionné, qui comprennent 30 secondes d'efforts légèrement supérieurs au rythme constant de l'échauffement, suivies de 30 secondes de récupération plus lente (différenciez bien les 2 allures) + 1 à 3 minutes d'accélérations progressives selon la nature de la séance. (Plus celle-ci est intense, plus cette partie doit être accentuée.)

• Poursuivez par un échauffement musculaire et articulaire en rapport avec la séance, en mettant l'accent sur les muscles et les articulations que vous allez devoir solliciter.

• Enfin, effectuez un échauffement spécifique à la séance, en lien direct avec les mouvements que vous allez devoir effectuer pour optimiser la qualité d'exécution.

Question 8 : Les compléments alimentaires sont-ils efficaces ?

Nombreux sont ceux qui croient au miracle des compléments alimentaires. Certes, ils peuvent aider à obtenir des résultats intéressants en termes de récupération ou de développement de la masse musculaire, mais ne brûlez pas les étapes, ne faites pas comme le copain ou la copine d'à côté, en pensant que vous aurez les mêmes résultats qu'il ou elle. Nous sommes tous différents, prenez le temps de vous renseigner. Avaler des compléments alimentaires peut être utile à condition d'être bien conseillé et suivi pendant leur prise. Rassurez-vous, ce ne sont pas des drogues, ne catégorisez pas celles et ceux qui en consomment, certains sont naturels et intéressants. Ce qui me dérange, c'est la promotion de gélules minceur qui s'affiche partout sans que personne ne réagisse ; des pharmacies incitent leurs clients à consommer des gélules « coupe-faim » et tout le monde trouve ça normal. Ou le poste Instagram d'une «influenceuse » suivie par une poignée de personnes, qui sait dire « No Pain, No Gain » pendant qu'elle fait ses squats en string, comme si cela rendait le produit crédible... Ouvrons les yeux, certains débutants en consomment sans même savoir pourquoi, ni de quoi sont composés ces produits. Certaines marques mettent en avant leurs « égéries » et leur pseudo-perte de poids pour pousser les débutants à la consommation, au lieu d'engager des nutritionnistes pour guider ceux qui veulent vraiment réussir. Tous mes élèves ont atteint leurs objectifs sans prise de compléments alimentaires, car j'estimais (mais cela ne tient qu'à moi) qu'ils n'en avaient pas besoin pour accomplir leur mission. Néanmoins, je les recommande pour certains, en cas de carences nutritionnelles, d'extrême maigreur, de développement du volume musculaire ou pour certains sportifs de haut niveau.

« Je dédie ce livre à ma femme, à mes enfants, à mes parents et à mes frères.

Ma femme est ma meilleure conseillère, mon agent, mon bras droit, c'est elle qui me soutient depuis le début de cette aventure, qui me supporte dans les moments difficiles, qui m'encourage à toujours aller de l'avant. Sans elle, je ne serais peut-être pas en train de rédiger ces lignes. Elle fait partir intégrante de ma progression vers mes objectifs. Depuis que je partage sa vie, mon quotidien a changé. Elle est la mère de mes enfants, et un exemple pour moi.

Durant mon parcours, je n'ai pas connu que des victoires. Les échecs font pleinement partie de ma vie. C'est grâce à ces périodes « sombres » que j'ai pu acquérir des expériences qui m'ont fait avancer et atteindre mes objectifs. Tout ne fut pas rose, j'ai eu des moments de doute. Sans l'aide d'une compagne, d'une famille soudée, on va vite, mais sans aller très loin.

Mes parents m'ont toujours soutenu, ils m'ont éduqué dans les meilleures conditions possibles. Ils sont des exemples pour moi, eux qui n'ont peur de rien et font confiance au destin. Ils ont eu le courage de changer de vie, de tout recommencer à zéro avec trois garçons. Je leur dois mes victoires et toutes les missions accomplies. Ils m'ont permis de vivre des expériences inoubliables et m'ont inscrit dans mon premier club de foot à notre arrivée en France.

À ma mère, cette femme au sourire indestructible. C'est aux creux de ses épaules que je pose ma tête chaque fois que je la retrouve. J'ai beau être marié et père de famille, je reste et resterai toujours le bébé de ma maman. Je n'ai aucun complexe avec ça, j'assume totalement, j'en ai besoin, voilà tout. C'est elle qui n'hésitait à prendre trois bus de suite et à marcher des kilomètres pour aller nous acheter les jouets que l'on voulait, pour nous donner le sourire, nous rendre heureux. Je n'oublierai jamais le jour où elle nous a emmené au McDo pour la toute première fois : on venait d'arriver en France, il pleuvait et il faisait nuit. Mes frères et moi, nous avions toujours rêvé de passer du temps dans la maison du Clown souriant qu'on voyait à la TV. Cela nous a rendus tellement heureux !

À mon père, cet homme courageux, humble, droit mais aussi très sensible, qui a toujours été derrière nous. Il était notre protecteur, passait beaucoup de temps à nos côtés. Dès le plus jeune âge, il a su nous parler avec droiture. Il m'inspire aujourd'hui pour le comportement que je dois avoir vis-à-vis de mes enfants. Lorsque nous faisions un pas de travers, il nous remettait en place comme il le fallait, ça nous a bien servi.

Mes frères et moi sommes très proches. Nous nous disons tout. Ils ont toujours été là pour moi. La réciproque est vraie, et le sera toujours. Nous avons été éduqués dans un esprit fraternel, sans jalousie entre nous. Nous restons complices, même à des milliers de kilomètres.

Mon grand frère qui vit en Australie est mon modèle dans ses prises de risques. Il ne cesse de sortir de sa zone de confort, il a fait le tour du monde à la découverte du globe, des cultures. Sa curiosité et son culot m'ont toujours fasciné. Il vient régulièrement en France pour nous rendre visite. Dès que je l'accompagne à l'aéroport pour repartir, je sens déjà un vide. J'ai beaucoup de chance d'avoir un grand frère comme lui, que je respecte infiniment.

Mon petit frère est celui qui m'écoute toujours. Son sourire est communicatif, il n'a peur de rien, il fonce. D'ailleurs, le jour où je lui ai proposé de me rejoindre pour marcher sans eau et sans nourriture de Roubaix à Paris, en dormant dehors à la dure, il n'a pas hésité une seconde. Son courage est aussi un exemple pour moi. Nous sommes connectés tous les deux, nous nous comprenons sans avoir besoin de prononcer un seul mot. Ensemble, on devient fous, on est naturels, authentiques, j'ai beaucoup de chance d'avoir un petit frère comme lui.

Et enfin mes enfants, qui sont mon équilibre. Depuis leur arrivée dans ma vie, je suis une personne plus posée et plus réfléchie. Ils jouent un rôle fondamental dans mon quotidien. Grâce à leur présence, j'ai l'occasion d'être heureux au quotidien, quoi qu'il arrive.

Un grand merci à mes abonnés, sans qui mes publications et mes évènements seraient vides de sens. C'est grâce à leur interaction et à leur présence sur les réseaux sociaux que j'arrive à prendre du plaisir et à aimer mon métier. Certains me suivent et me soutiennent depuis le début, je leur en suis réellement reconnaissant. C'est pour cela que j'imagine des concepts et que je crée des évènements, pour me rapprocher d'eux et tenter de les rendre heureux. Ce n'est finalement qu'un juste retour des choses, pour tout ce qu'ils m'apportent au quotidien.

Crédits photographiques

Avec l'aimable autorisation de Rostome Khairoune : page 6
Archives personnelles Yanisport : page, 8, 10, 13, 111, 130
Photographies de Laure Castel : page 25, 39 à 79
Photographies de Rabat Laamari : Couverture, 4e de couverture, page 4, 9, 14, 16, 19, 22, 28, 29, 30, 34, 36, 102, 105, 107, 108, 113, 116, 132, 137, 138

L'auteur et l'éditeur remercient chaleureusement l'hôtel Marriott Champs-Élysées pour son accueil lors de la séance photo.

Marriott Champs-Élysées
70 Av. des Champs-Élysées
75008 Paris • 01 53 93 55 00

Achevé d'imprimer en mars 2020 par Finidr en République tchèque